一般社団法人
新木造住宅技術研究協議会
Q1.0
新住協の
家づくり

この「家」にしてよかった。

vol. 1

会澤健二　著

市ヶ谷出版社

はじめに

一般社団法人　新木造住宅技術研究協議会　　理事　　会澤健二

求めよ、さらば与えられん（家づくりも自ら努力しないといい結果は得られない）

本誌「この家にしてよかった」は、小会に所属する工務店、設計事務所が建てた家を20話掲載した。私たちがQ1.0住宅と呼ぶ非常にすぐれた省エネ性の高い高断熱住宅が主となっている。住んでいる家族はいずれも驚嘆の喜びである。この人たちはどういう経緯で大満足の家を取得できたか、こんな分析をしてみた。

Ａ　暖かい家を要望したわけではないが工務店がしてくれた（偶発結果）

Ｂ　それまでの住宅がひどかったので新しい家は絶対快適にしたかった（過酷体験）

Ｃ　家づくりの勉強をして高断熱住宅を建てたいと強く思った（積極願望）

Ｄ　暖かい家があるとは知っていたので工務店の奨めに乗った（消極志願）

結果はＡ2　Ｂ4　Ｃ10　Ｄ4であった。実に20の内18は何らかの要因があって高断熱住宅を求めて取得できたのである。建築を依頼した先がたまたま運良く高断熱住宅をつくる工務店だったのは2例に過ぎない。つまりほとんどが自ら求めて得た感激なのである。残念ながら、住宅は大きく進歩していても、そういう住宅は自分で求めないと得られないというのが今の住宅業界である。

原因はいくつか考えられるが、大きいのは、住宅を販売する側が快適性や省エネ性を住宅の性能に求めずに住宅のデザインや設備、仕上げなどを前面に出してユーザーの目をそちらに奪っている現実であろう。建築士や建築家と呼ばれる人たちにもこれに近いことがいえる。多くは住宅の断熱性能などに深く触れていない。私は取材の中で「断熱に関しては、少なくとも10冊以上の本を読まないと正しい情報は得られない」と明言したユーザーにも会った。

人の振り見て我が振り直せ（他人が上手くいったことを真似るのも良策）

「住宅は今、大きく進歩している。何がどうなっているか、それを十分に知って、家づくりに臨んで欲しい」これが本誌を通じて住宅リフォームや建て替え、新築を計画している人に伝えたい趣意である。

ではどうしたら、いい家に巡り会えるか。今できる最善の策は自分でよく勉強して業者を選ぶことであろう。「人の振り見て我が振り直せ」を意訳すれば「他人が上手くいったことを真似るのも良策」と解釈できる。本誌はすでに住んでいる人たちの暮らし心地をレポートしてまとめたものである。快適な暮らしになって、光熱費が本当に半分以下になってしまった第一話（東京）、外国帰りの家族に「日本の戸建て住宅がこんなに進んでいるなんて」といわせた第二話、「リフォームで素晴らしい高断熱…」の第十七話など、「人の振り」として是非是非参考にして頂きたい。

最後に、ここに登場して頂いたユーザーの皆さんに、取材してから2年も経過してしまったことをお詫びしなければならない。暮らした後の感想を書こうとすると、どうしても夏と冬を経過しなければならない。取材件数が多くなって1〜2年があっという間に経過してしまった。お詫びしてご了承をお願いしたい。

２０１８年1月

「Q1.0住宅《キューワン》」と「QPEX《キューペックス》」

Q1.0住宅のQはQ値のQだが、Q値1.0の住宅ではない

Q1.0住宅　キューワン住宅と読む。Qとは、旧次世代省エネ基準で使われた熱損失係数を意味するQ値のQで断熱性能を表す。数値が小さいほど性能が高い。旧次世代省エネ基準のQ値はI地域（札幌など）で1・6（W／㎡K）東京などのV地域で2・7という数値だった。IとVの間にII、III、IV区分がある。

ではQ1.0住宅はQ値1.0の住宅かというとそうではない。Q値のQではあるが、Q1.0住宅はQ値を特定するものではない。

暖房エネルギー消費量が省エネ基準の2分の1以下の住宅

Q1.0住宅とは「次世代省エネ基準で建てられた住宅と比較して年間暖房エネルギー消費量が半分以下となる高度省エネ型高断熱住宅」をいう。単位は建築床面積1㎡あたりの暖房エネルギーの比較である。具体的には左ページをご覧いただきたい（表のAとBの比較）。Aは当該住宅の暖房エネルギー消費量。Bが建設地における次世代省エネ基準で建てた場合の標準的な住宅床面積1㎡あたりの暖房エネルギー消費量。つまりA÷Bが0・5以下になるのがQ1.0住宅となるが、0・5は建設地によって0・45から0・4まで規定されている。

QPEXとは燃費計算プログラム

この計算をするプログラムをQPEX《キューペックス》という。新住協が独自に開発、長期優良住宅認定申請等にも適合している。

年間の暖房エネルギー消費量は、ある暖房設定条件の下、その住宅の断熱性能Q値（逃げる熱）と取得する熱（生活熱や日射取得熱）を基礎データとして算出される。年間の暖房エネルギーは建設地の日射量や開口部の日射取得性能、住宅の断熱性能と大きく関係する。QPEX《キューペックス》には全国824地点の気候データが入力されていて個々の住宅の省エネ性能計算を可能にしている。

少ないエネルギー（微暖房）で必要な室温を得られることは省エネと同時に快適性も高くなる。つまり、燃費計算は快適性の計算でもある。ここが重要だ。

図1　QPEX計算結果表（第1話天野邸の一部）

計算結果　　　　所沢

部位	断熱仕様	部位面積 A[㎡]	熱貫流率 U[W/㎡K]	係数 H[-]	熱損失 A･U･H[W/K]	熱損失係数 [W/㎡K]	外皮熱損失 A･U･H[W/K]
屋根	HGW16K　140&200mm	85.97	0.125	1.0	10.783	0.125	10.783
外壁	HGW16K　100&100mm	77.83	0.211	1.0	16.455	0.191	16.455
基礎	GWB32K　90mm	86.12	-	1.0	17.756	0.206	17.756
基礎B	押出法PSF3種　100mm	-	-	0.7	0.000	0.000	0.000
開口部	-	24.22	-	1.0	53.587	0.622	61.524
換気	換気回数 0.3回	234.27	-	1.0	24.598	0.286	-
熱損失合計					123.18	-	106.52
延床面積　/　外皮表面積					86.12	-	274.14
熱損失係数　/　外皮平均熱貫流率					-	1.430	0.389

熱損失係数[W/K]	
住宅全体	1㎡当たり
123.18	1.430

外皮平均熱貫流率[W/㎡K]	0.39
外皮平均日射熱取得率[-]	1.7
外皮表面積[㎡]	274.14

1次エネルギー計算用単位温度差あたりの熱損失、日射取得	
外皮熱損失量[W/K]	106.5
冷房期日射熱取得量[-]	4.71
暖房期日射熱取得量[-]	6.32

※外皮平均熱貫流率は5地域基準　平均U<=0.87[W/㎡K]以下を満たしています。
※平均日射取得率は5地域基準　平均η=3以下を満たしています。

年間暖冷房用消費エネルギー	暖房		冷房		暖冷房合計	
	住宅全体	1㎡当たり	住宅全体	1㎡当たり	住宅全体	1㎡当たり
熱負荷[kWh]	823	9.6	882	10.2	1,706	19.8
灯油消費量[ﾘｯﾄﾙ]　(効率85%の場合)	94	1.1	-	-	94	1.1
電気消費量[kWh]	274	3.2	294	3.4	568	6.6
CO_2発生量 [kg]:2009年データ(原単位CO2)	105	1.2	113	1.3	218	2.5
熱負荷[kWh]	823	9.6	700	8.1	1,524	17.7
灯油消費量[ﾘｯﾄﾙ]　(効率85%の場合)	94	1.1	-	-	94	1.1
電気消費量[kWh]	274	3.2	233	2.7	507	5.9
CO_2発生量 [kg]:2009年データ(原単位CO2)	105	1.2	90	1.0	195	2.3

次世代基準120㎡モデルプラン エネルギー消費量		
暖房エネルギー		
電気	48.7	[kWh/㎡]
灯油	5.6	[ﾘｯﾄﾙ/㎡]
都市ガス	4.7	[㎥/㎡]
LPガス	4.1	[kg/㎡]
冷房エネルギー		
全期間	22.5	[kWh/㎡]
必須期間	15.3	[kWh/㎡]

Ⓐ　Ⓑ

次世代省エネ基準との省エネ割合　灯油　1.1÷5.6=0.197　他のエネルギーでも同じ割合になる

新住協では全会員にQPEXを頒布し全戸の省エネ計算を実施するよう勧奨している。

本誌に出てくるQ1.0住宅という表記は「次世代省エネ基準を大幅に上回る高度省エネ型高断熱住宅」と解釈して本文を読み進めて頂きたい。

図2　住宅の暖房エネルギー計算のイメージ図

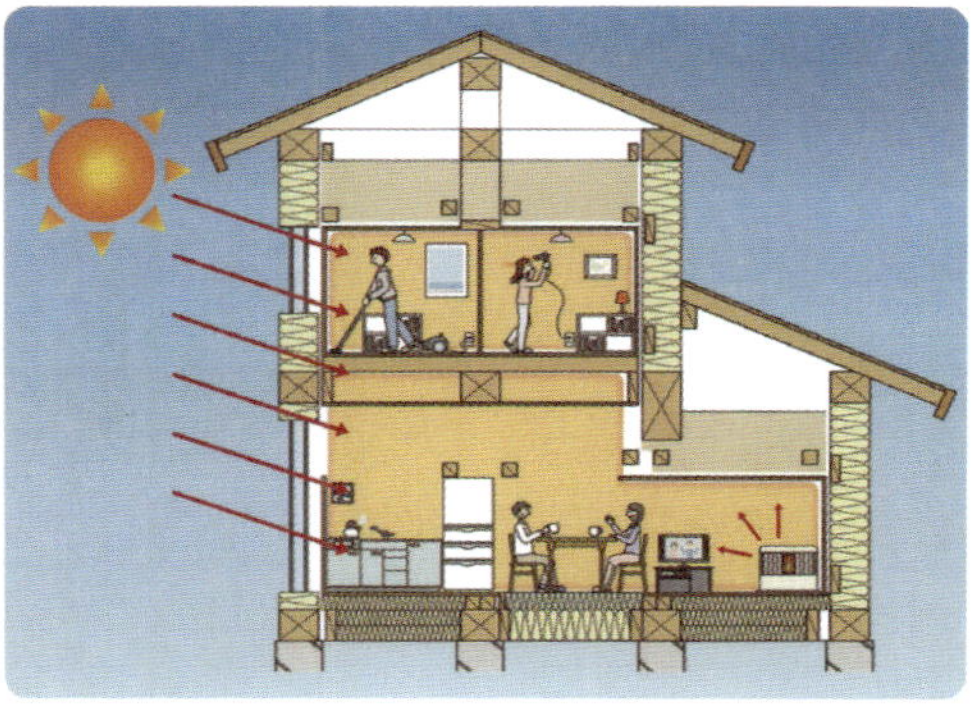

日射が多く入れば、ストーブからの供給熱は少なくていい。日射が少なければ暖房量は多くなる。断熱性能が低ければ逃げる熱は多いので暖房量は増える。暖房に供給される熱はストーブだけではなく日射熱、冷蔵庫や照明、掃除機など生活から出る熱も暖房に働く。
住宅の断熱性能が高いほど暖房機は小さくて済み、床壁天井の表面温度も高くなり、室内の快適性は高まる。
省エネ計算は快適性の計算ともいえる。

第2話
日本の戸建て住宅がこんなに快適な性能だったとは！
外国帰りの家族が驚嘆　夏冬は全館冷暖房の暮らし、それでいて光熱費はゼロ　温暖な瀬戸内　こんな所にQ1.0住宅！
広島県福山市　27

第3話
ふんわりサラサラの暖かさ　山陰の冬が大きく様変わり
兵庫県豊岡は山陰一の寒暖差　冬は寒く夏は猛暑　暮らしの達人がいる家の冬は薪ストーブのトロトロ暖房　夏は窓を閉じて快適
兵庫県豊岡市　39

第4話
暖かい家になったら孫子《まごこ》が手をつないでやってくる
これが終の棲家　しみじみ思う「この家にしてよかった」　素足で暮らせる開放感、街中でも静か　名古屋市街地に建った壁200ミリ断熱の家
愛知県名古屋市　49

第5話
路面電車も走る幹線道路沿い「え、ここに建て替えですか？」
住み慣れたところに暮らしたい　だけど騒音はどうなる！　いや、ちゃんとした高断熱と高気密なら大丈夫のはず！　予想通りの結果に家族全員大満足
富山県富山市　57

第6話
住んでわかった！ Q1.0住宅ユーザーの面白語録
フェーン現象下でも冷房なし　こういう家はお金をかけてもできない
住宅に取説？　以前の家は夏冬ともビショビショ?!　軒のつららは人災
新潟県上越市　69

第7話
家は人生の礎《いしずえ》
埼玉から岩手へ、体験宿泊ではなく体験移住してから建てたQ1.0住宅
住んでみて、暮らしてみて知った、暖かい家のほんとうの意義と価値
岩手県平泉町　79

第8話
これも家づくりの正解！ こだわったのは断熱性能だけ
「ここは寒い所だから断熱だけ力を入れて欲しい　断熱がしっかりしていれば
あとは何とでもなる」、結果は大正解。マイナス10℃の朝でも楽々モーニング
岩手県滝沢市　89

第9話
Q1.0住宅は建ててからが面白い
最初は半信半疑　真冬の帰宅初日、玄関を開けたとき包まれた暖かさの
感動「これはほんものだ」その日から冬を楽しく暮らす工夫が始まった
山形県寒河江市　97

第10話
後世に残す二つの住宅遺産 ある高齢教育者の偉業
老人ホームに入る資金を北陸一の高断熱住宅建築に投入、選んだ施工業者は経験の浅い一人の若者 そこには教育者のある想いがあった
石川県金沢市
105

第11話
人生最期の贈り物「妻に暖かい家を遺したい」
同じ未亡人の友がいう「冷え切った部屋にひとりで帰るときほど淋しいことはないあなたがうらやましい」余命宣告された夫が遺した暖かい家は、妻の孤独を救った
青森県八戸市
117

第12話
ネットで工務店選び そして大成功
若い二人は住宅展示場で高断熱を教えられ、その日からネットで検索しまくった。そうして選んだ工務店、若者はホームページの何を見たか!
栃木県栃木市
127

第13話
望んでいた家ができました! 家づくりのトレーナーと出会って
暖かいだけでもダメ デザインだけでもダメ 機能的だけでもダメ 若い夫婦が、若い建築家と協働して完成させた家の一部始終 主役はメール
山形県山形市
135

第14話
「結露のない暖かい家を2000万円で建てて欲しい」
「いいですよ、やりましょう」単純明快　リーズナブルに　若い
夫婦と工務店の家づくり　さわやか高断熱住宅ができました！
群馬県高崎市　147

第15話
職人　小千谷の花火師が選んだ家は本物の高断熱住宅
体験宿泊会場で想定外のおもてなし、「そんなつもりで来たんじゃない」
「業者選びに失敗したら自己責任だと思う」花火師の厳しい目が光る
新潟県小千谷市　157

第16話
「この家にしてよかった」もう一つの意味
「この町には暖かい家が必要」父の小さな工務店を継いだ若い大工の
「暖かい家づくりにこだわる」は過疎高齢化の町で、地域に共感を呼んだ
新潟県阿賀野市　165

リフォーム
第17話
たしかに暖かくなった！　もう少し安かったらみんなに勧めたい…
ユーザーのこの一言が安価な断熱耐震同時改修技術の発端になった。断熱リフォームの原点になった15年前の出来事
山形県鶴岡市　175

リフォーム第18話
リフォームで暖かい家にしたい　理系人が選んだ工法と業者
「今までの家がなぜ寒いか、原因を改良すれば家は暖かくなる」セミナーで聞いたこの解説で「これは信用できる」と選んだ理系人のリフォーム術
宮城県角田市　183

リフォーム第19話
東日本大震災時　リフォーム工事中だった人の大幸運
耐震工事で倒壊を免れ、周囲の混乱をよそに、1か月後は快適な高断熱住宅暮らし　それまでの家は新しかったのにあまりにもひどかった
福島県須賀川市　191

リフォーム第20話
あの暑い高崎で難なく夏を過ごし、冬も快適
高断熱住宅は、本当に冬暖かくて夏涼しいのか、それを体感追求して3年、そうして知った業界のウソとホント。上手にリフォーム　上手に暮らす熟年夫婦
群馬県高崎市　199

あとがき　207

次号予告　207

「この家にしてよかった」マップ

①　東京都秋津市
②　広島県福山市
③　兵庫県豊岡市
④　愛知県名古屋市
⑤　富山県富山市
⑥　新潟県上越市
⑦　岩手県平泉町
⑧　岩手県滝沢市
⑨　山形県寒河江市
⑩　石川県金沢市
⑪　青森県八戸市
⑫　栃木県栃木市
⑬　山形県山形市
⑭　群馬県高崎市
⑮　新潟県小千谷市
⑯　新潟県阿賀野市
⑰　山形県鶴岡市
⑱　宮城県角田市
⑲　福島県須賀川市
⑳　群馬県高崎市

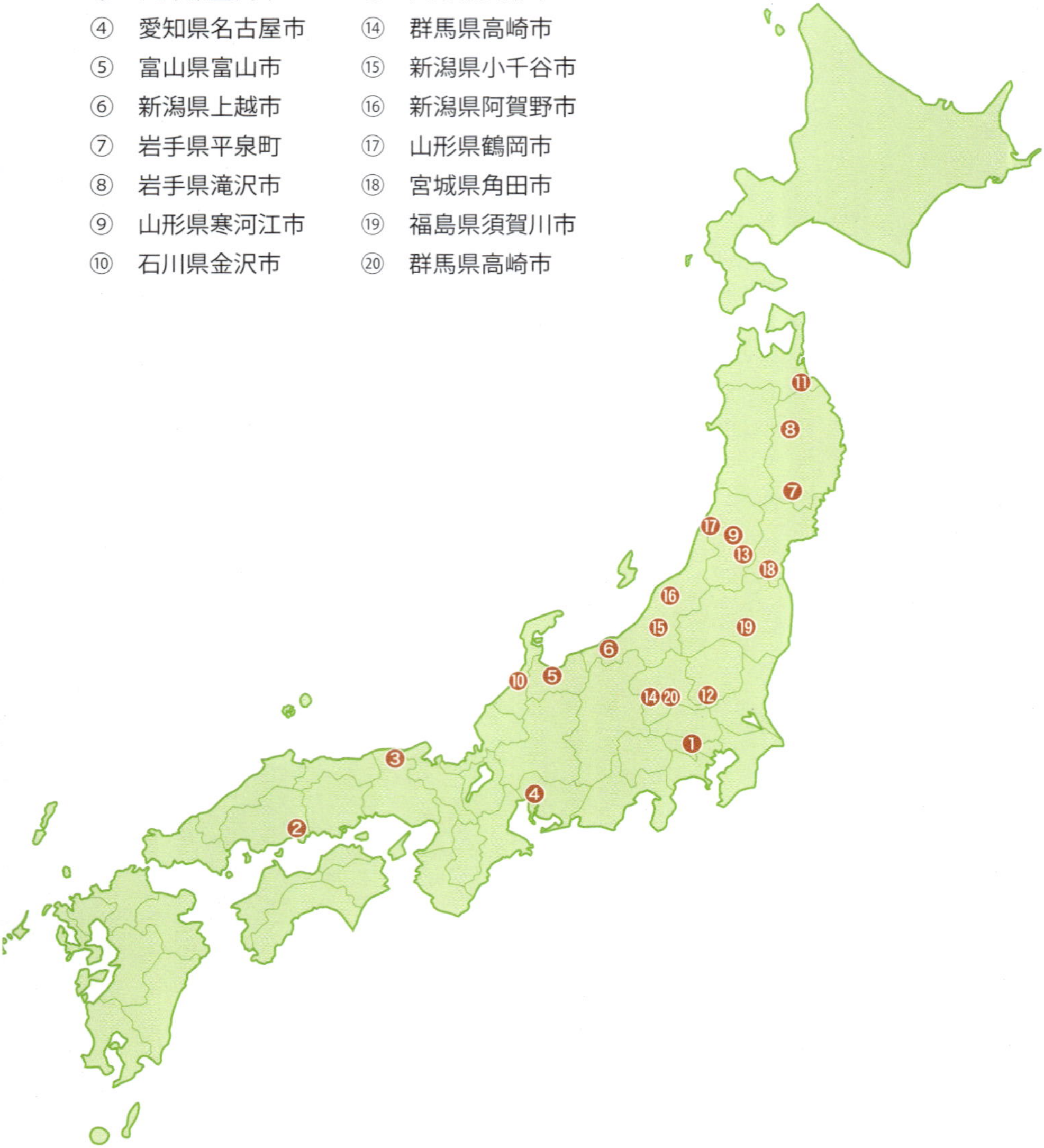

第1話

すてきな家で「燃費半分の暮らし」

東京都秋津市

東京に、Q1.0住宅のようにしっかりした高断熱住宅が、冬は日射を入れて、夏は日射を入れないよう、しっかり設計されて建ったら、夏冬それぞれどんな室内環境になるか。もしかして暖房はしなくても済むぐらいになるのではないか、そんな思いをずっと以前からもっていたのだが、なかなか確認するチャンスを得られないでいた。

東京の人は、夏は暑いと思っても冬寒いとは思っていないのか断熱に固執しないところがあって、家のデザインや意匠を重視する傾向があるようだ。素敵なデザインをした上で断熱性能をしっかり高めれば、いいと思うのだが、それがなかなかできないのが（しないのか）東京と思っていた。そんな中で、デザインと性能が両立し、しかもそのどちらも愉しんで暮らしている家に巡り合った。

すてきな家ですてきな暮らしをして、それでいて省エネ、「この家にしてよかった」の第1話は東京に住む天野さんのQ1.0住宅を紹介する。

断熱も重視する意匠系設計事務所

東京都千代田区にあるKSA一級建築士事務所の加藤裕一氏は、住宅を設計する上でデザインも重視するが断熱もしっかりする。これまで、東北北海道レベルの高断熱住宅を東京近郊に何棟も手がけてきた。

住宅は永く使うもの。設計施工者とは信頼かつ友好な関係でありたい

その加藤さんから「２年前に建築した家に住んでいる人がすごい省エネでしかも面白く暮らしているから一緒に訪問してみないか」という話があって、夏も終わりの９月中旬、その家を訪ねることにした。ＪＲ秋津駅から近く、埼玉県とのほとんど県境に位置していた。

住宅は２０１３年秋に竣工、夏冬を２シーズン経験している。住んでいる人は天野三朗・昌子さん夫妻。天野邸は、給湯も台所も冷暖房もすべて電気なので暮らしにかかる光熱エネルギーは電気の使用量と料金をみればわかるようになっている。

実際の光熱費はどうなっているか？

この家には太陽光発電が載っていて余剰電力の売電がある。毎月の支払いは表１のようになっている。１年目は約２万円、２年目は約３３００円、いずれも年間である。支払い金額はゼロに等しいほど少ない。

しかし、太陽光発電の売電があるので、これではどの程度の省エネ住宅かどうかわからない。太陽光発電量が多ければもっと減るし売電単価によっても差引の支払金額は変動する。そこで実際のエネルギー消費量がわかるのが表２である。自家消費分を算出して購入電気に加えれば使用したすべての電気エネルギーとなる。

それによると、１年目４８５５ｋＷｈ２年目４０２１ｋＷｈとなる。それに電

表1　新住宅の支払電気料　1年目

年	月	購入電気代	売電金額	支払い合計
2014年	3月	11,167	6,498	4,669
	4月	9,340	10,944	-1,604
	5月	8,988	10,070	-1,082
	6月	6,910	8,132	-1,222
	7月	6,803	7,866	-1,063
	8月	7,922	8,816	-894
	9月	7,863	5,358	2,505
	10月	8,236	7,068	1,168
	11月	8,065	5,472	2,593
	12月	8,902	4,712	4,190
2015年	1月	12,033	5,510	6,523
	2月	10,360	6,156	4,204
年間合計		106,589	86,602	19,987

（東電からの通知書による）

新住宅の支払電気料　2年目

年	月	購入電気代	売電金額	支払い合計
2015年	3月	9,955	6,422	3,533
	4月	8,645	8,930	-285
	5月	6,758	12,008	-5,250
	6月	5,522	10,868	-5,346
	7月	5,423	6,422	-999
	8月	6,938	8,284	-1,346
	9月	6,294	4,522	1,772
	10月	5,854	7,144	-1,290
	11月	6,265	5,168	1,097
	12月	7,920	3,724	4,196
2016年	1月	8,737	4,940	3,797
	2月	9,459	6,004	3,455
年間合計		87,770	84,436	3,334

太陽光発電による売電後の実質支払い電気料金

力単価28円を乗ずれば実質の金額がわかる。表3は2年間の実質料金合計で、年間平均１２４０００円（イ）になる。この金額は太陽光発電を載せない場合のこの家のエネルギー消費量で、すべての光熱費といえる。

では、旧住宅での光熱費と比較してみたらどうなるか。以前は電気、ガス（給湯）レンジ、灯油（暖房）を使っていた。それぞれの使用量と金額が表４である。合計で約２６６０００円（ロ）だった。イとロを比較すると新住宅では半分以下になっている。これが私たちのいう「燃費半分で暮らす家」である。

なぜこういうことになるか、住宅の断熱性能と省エネ設計によるものであるがそれは後述するとして、「この家にしてよかった」シリーズの始まりとして述べておきたいことがある。それは「省エネ性は快適性と比例関係にある」ということ。それを読者の皆さんにこの第1話で前置きしたい。

「見るだけ節電」

ところで、昌子さんはこの家がすごい省エネ住宅だと気づいてから、より一層省エネに心がけた。表2のように2年目は約８００ｋＷも少なくなっている。

どうして2年目から使用量が減っているかというと、「節電の楽しさを知ったから」と昌子さんがいう。

表2

天野邸　新築後
創エネ　購入エネ　実質消費エネルギー　2年目

年	月	総発電量	売電量	自家消費分	購入電力量	実質消費量	単位
2015	3	308	169	139	357	496	kWh
	4	299	235	64	311	375	kWh
	5	410	316	94	220	314	kWh
	6	304	286	18	172	190	kWh
	7	302	169	133	168	301	kWh
	8	261	218	43	225	268	kWh
	9	208	119	89	210	299	kWh
	10	242	188	54	204	258	kWh
	11	150	136	14	222	236	kWh
	12	169	98	71	308	379	kWh
2016	1	184	130	54	368	422	kWh
	2	226	158	68	415	483	kWh
年間合計		3,063	2,222	841	3,180	4,021	kWh

※自家消費分＝総発電量ー売電量となる

創エネ　購入エネ　実質消費エネルギー　1年目

年	月	総発電量	売電量	自家消費分	購入電力量	実質消費量	単位
2014	3	324	171	153	462	615	kWh
	4	372	288	84	376	460	kWh
	5	415	265	150	322	472	kWh
	6	298	214	84	221	305	kWh
	7	335	207	128	209	337	kWh
	8	311	232	79	244	323	kWh
	9	276	141	135	240	375	kWh
	10	231	186	45	268	313	kWh
	11	174	144	30	270	300	kWh
	12	187	124	63	319	382	kWh
2015	1	205	145	60	459	519	kWh
	2	238	162	76	380	456	kWh
年間合計		3,364	2,279	1,085	3,770	4,855	kWh

面白いパソコン画面を見せて貰った。ＨＥＭＳ（ヘムス）という機器が設置されていて毎日の電気使用量が画面に表示され、使用量が設定された基準量より少ないとかわいいマスコット（ペンギン）が画面で楽しそうに踊るのだ。そして、節電されたｋＷ数を㎞に数字だけ置き換え、その距離が日本一周とか世界一周とかに表示されるので、昌子さんは毎日その画面を見て楽しんでいる（下写真）。

「それを見ていると無駄な電気を省く習慣がついてしまうみたい」と人ごとのように笑って話す。

体重計に「乗るだけダイエット」というのがあるが、いわば、「見るだけ節電」である。私はそれを省エネマインドと言っている。

では、旧住宅に比べて半分の光熱費になったのは天野さんの省エネが行き過ぎた結果なのだろうか。そうではない。天野さん家族がケチケチ作戦で生活しているのかというと実はこれが全く逆、実に伸び伸び、楽しく、そして夏は涼しく冬は暖かく快適に暮らしているというのだから驚く話だ。

想定外1　暖房を使わない

「ある程度はそうなると思ってはいたが、まさかここまでとは…」それを想定外というなら、天野さんにも加藤さんにも、この家には想定外のことがいくつもあった。

太陽光発電がないと仮定した電気使用量　表3

2014年	4,855 kWh	135,940 円
2015年	4,021 kWh	112,588 円
2年間計	8,876 kWh	248,528 円
年平均	4,438 kWh	124,264 円

単価28円/kWh（イ）

旧住宅　光熱費　消費エネルギー　表4

年	月	電気	LPG	灯油
2012	9	689 kWh	2.2 ㎥	
	10	523 kWh	2.6 ㎥	
	11	466 kWh	2.9 ㎥	72 ℓ
	12	572 kWh	3.1 ㎥	144 ℓ
2013	1	627 kWh	3.7 ㎥	108 ℓ
	2	559 kWh	3.5 ㎥	144 ℓ
	3	493 kWh	2.9 ㎥	108 ℓ
	4	535 kWh	3.1 ㎥	36 ℓ
	5	461 kWh	2.7 ㎥	
	6	395 kWh	2.7 ㎥	
	7	453 kWh	2.1 ㎥	
	8	697 kWh	2 ㎥	
年間合計		6,470 kWh	33.5 ㎥	612 ℓ
金額		182,906	34,750	48,960

年間合計266,616円（ロ）

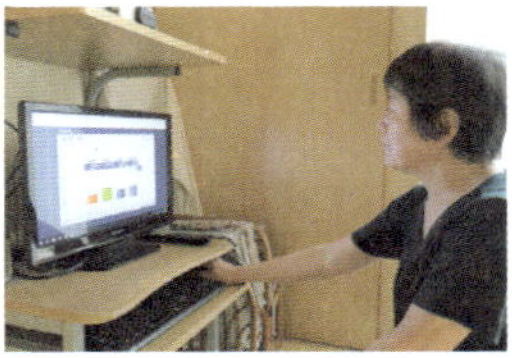

「暖かい家になるとは思っていましたが、ここまで暖かいとは思いませんでした」

最初にそう切り出したのは昌子さんだった。

「そうですか、それは本当によかった」加藤さんが微笑む。設計者としての満足が漂う。

「あの時計みてください。時計に温度と湿度が表示されています。最初、そんなものと反対されたんですが、夏も冬もあれを見て暮らしているんです。それで気がついたんですがこの家、17℃以下にならないんですよ」

カウンターの向こうでコーヒーを入れてくれながら昌子さんがそう言う。私たちは、壁に掛けられた時計をみながら、そうなのかと、感心して聞いていたら、「たまに寒い日がありますがそのときはソファーに敷いてある電気カーペットにスイッチを入れているんです」という。加藤さんが暖房を電気カーペットで？　と怪訝そうな表情をして、「奥さん、このエアコンは使わないんですか？」と後ろの壁を指さして聞くと「えぇ、ほとんど使いません」と昌子さん。「奥さん、電気カーペットよりエアコンの方が電気代安いんですよ」加藤さんがまずいなぁと苦笑いしながらそう言うと、

「あら、先生、カーペットだってほんのたまに足下が寒いかなというときだけですよ」

「じゃあ、暖房どうしているんですか？」

「暖房？　しないんですよ、暖房していないんです」

「えーっ、暖房、全然していないんですか？　それは知らなかった」加藤さんが苦笑いする。

断熱　開口部　換気　仕様書

天井 屋根	高性能グラスウール		340mm
外壁	充填部	高性能グラスウール	100mm
	付加部	高性能グラスウール	100mm
床 基礎	高性能グラスウール32K		90mm
開口部	アルミ樹脂複合サッシ＋Low-Eペアガラス		
換気	第三種換気　0.3回		

断熱性能及び年間暖房エネルギー消費量　■建設地 所沢

Q値	熱損失係数	1.43W/㎡K
U値	外皮平均熱貫流率	0.39W/㎡K
暖房エネルギー年間消費量	電気（効率1.0）	kWh
	灯油（効率0.85）	94ℓ

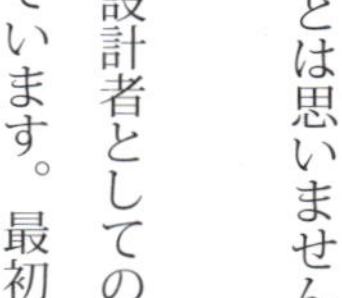

室内の温湿度も表示される時計。最近は色々な機器がある

昌子さんがいう。

「少し寒いかなと思って壁の表示を見ると大体決まって17℃くらいです。でも、17℃あると暖房はなくとも平気で、そのうち日が入ってくるともう暖かすぎるくらいになります」

日が陰ってもなかなか温もりは冷めず、夜は加藤さん自慢の断熱戸を閉めるので結局暖房は使わないで済んでしまう日が多いのだそうだ。

暖かさの秘密

暖かさの秘密は第一に下の写真にある。家全体が南面に向いていて南には遮るものが何もなく、しかもちょっと高台。冬は日差しが屋内深く差し込む。「明るい家にして欲しい」という天野さんの要望を受けて付けた高窓からの日射は最深部のキッチンまで差し込む。

冬のひなたぼっこを思い出して欲しい。日だまりはポカポカと何とも暖かい。天野邸は家全体が冬の日だまりなのだ。それだけではない。日だまりを包み込む断熱材が厚い。屋根、壁とも断熱材が一般の倍以上厚く充填されている（右頁）。屋根や壁、開口部のサッシガラスなど、外部に接する面の断熱性能を熱貫流率というが、その平均が0・39W／㎡（外皮平均熱貫流率という）。現行省エネ基準の北海道の基準を

南面の大きな開口部から、冬は部屋いっぱいに陽が入る

も大幅に上回る断熱性能になっている。着るものにたとえれば、一枚のセーターでもホカホカ暖かいのにさらに羽毛たっぷりのダウンを覆っているようなものだ。暖かくならないわけがない。その点では設計者の思った通りなのだが、何と天野邸はそれ以上に暖かい家になっている。

ＱＰＥＸという熱計算プログラムで、年間の暖房エネルギーを計算すると、灯油換算で僅か94リットル／年である。暖房期間１００日として1日1リットルも満たない。「暖房しないでも暮らせます」という昌子さんの言葉にうなずける。

想定外2　すてきな家なのに超高性能

天野さん夫妻と加藤さんは、長男の敏宏さんが友人を介して加藤さんと知り合ったことから始まる。当時、建て替えか新築か、家に建築計画があることを知っていた敏宏さんは、加藤さんが建築家と知って、計画の話をした。そして冬のある日、加藤さん設計の住宅を見せて貰うことになった。見学後、家に帰った敏宏さんは両親にこう報告した。

「とにかく、玄関を開けたときからほわーっと暖かいんだよ。それも暖房していたのかいないのかわからないのに…。あれいいと思う、格好もいいしさ…」。それを聞いて

敏宏さんはこの席で「暖かいことも大事だよ」と加藤さんの話を聞いた

「でも、そんな先生に頼んだら値段も高いんじゃないの」と、内心思っていたところに30坪規模の家で2000万円位からという話を聞いたので、夫妻はその年の3月、「明大前の家」という（写真）いかにも設計事務所が建てたふうの家を体験訪問した。

そのときは、暖かいというよりすてきな家という印象の方が強かったと昌子さんは振り返る。そこから話はとんとん拍子に進んで今の家ができあがった。

「こんなすてきな家なのに、暖房もしないで暮らせるなんて想いもしませんでした」

それが想定外の2つ目。

実際、加藤さんの設計する住宅は、自ら「意匠系の設計事務所」というのがよくわかる。考えてみれば、意匠・デザインが重視されていて、暖房が要らないほどの断熱性能を保持する家は東京広しといえどもそうはないと思う。

直木賞作家で、経済界でも著名な邱永漢氏がこんなことを著書に書いていた。「住宅は有名建築家に頼むものではない、格好ばかり気にして、住む人の事を考えていない。寒くてかなわない」

自邸を建築した直後である。格好だけでは住む人に利はない。快適に暮らせるとこそ住む人の利だ。利が無ければ人は離れる。さすが商売の神様といわれた人だと思う。

天野夫妻が見学させて貰った明大前の家。住んでいる家の見学が有意義

想定外3　冷房もしない

断熱材がたくさん入った家は暖かくなるだけだと思っている人がいる。だから「冬暖かい家なら夏は暑くなるんじゃないの？」とよく聞かれる。冬、暖かくなるのは日差しという熱が室内に入るからであって、もし、日が入らなければ暖かくはならない。

天野邸には室内に豊富な日射が差し込んでいる。前頁写真は太陽高度が低い冬である。この日差しは夏になると全く入らない。夏の太陽はまるで真上から来るから窓に庇を付ければ日差しは遮られる。通常でも南面の窓には真夏の直射は当たらない。それに、天野邸の屋根は34㎝の高性能グラスウールが充填されている。真夏の強い日射でも室内に影響を及ぼす事はない。厚い断熱材で屋根壁がガードされている構造は魔法瓶にたとえてもいい。性能の優れた魔法瓶は、朝入れた氷水が夕方まで冷たさを保つ。夏の断熱材は外からの熱に対して室内を保冷する働きをする。厚い断熱は夏も有効なのだ。

ただ、このとき絶対気をつける事がある。夏の日差しを室内に徹底して入れない事だ。軒を出したり、東の壁に極力窓を付けないで朝日の侵入を防止するなど、とにかく夏の日射を入れないよう配慮すれば、魔法瓶の保冷効果を期待できる。それが高断熱の夏の良さである。事実、加藤さんは下のように西の壁に窓のない家も過

天野さんの家はこの絵のような理屈になっている

去につくっている。設計段階では賛否両論あったが、今では大正解だったと住んでいる人が喜んでいる。

話を元に戻す。三郎さんは「夏は高窓を開けると風がよく通って、室温は27、28℃くらいまでしか上がらない場合が多いんです」という。多分、天井の熱気だまりを掃くように風が抜けるのだろう。「暑いときはもちろんエアコンを付けるのですが、何日もありませんでした」と昌子さんが話す。

別表2を見ると、冷房をする7、8月の使用電気料が冷房しない春秋の月とほとんど同じ数字である。ということは冷房もしないという暮らしを証明している。これには加藤さんも天野さんも想定外だった。

太陽光発電も想定外　ちょっとした残念

天野邸では太陽光発電が大変よく働いているが、実は当初、導入を躊躇していたという。加藤さんから、設備費のほとんどが補助で賄えるから検討してみませんかという話を聞いて、それならと任せたのだった。

加藤さんが太陽光発電に目を付けた理由は2つある。一つは、天野邸がすごい省エネ性能になったので（灯油94リットル相当）、ZEH申請も小さい発電容量で通るのではないか。そして二つめは、容量が小さくて済むなら設置費も小さく、天野さ

西面の壁に窓がない家

軒の出も計算されている

んの負担も少なくて済むのではないかと推測した。

結果は、加藤さんの思惑通りになった。ＺＥＨ申請に採用される一般の太陽光発電容量よりもかなり小さい２・８ｋＷｈでＺＥＨ申請が承認され１８０万円の補助がおりた。天野さんが実質負担する設備金額もごく僅かですんだ。

こうして、いざ暮らしてみると結果は別表１の通り、光熱費がほとんど掛からない暮らしになったのである。旧住宅では年間26万円もの光熱費が掛かっていたのだからこの差は大きい。太陽光発電にかかった初期費用は３〜４年で回収できてしまう計算だ。

「お金を出しても、もう少し大きな発電でもよかった、そうしたらもっと…（笑）」

昌子さんは今ちょっとだけ残念がっている。勿論、半分は冗談。

Q1.0住宅の威力

では最後に私から昌子さんに一言。「光熱費ゼロは太陽光発電のお陰ではありませんよ、そもそもの住宅がすでにすごい省エネ性能を持っているから、ゼロエネっぽくなったのです。それが証拠に、新しい家での光熱費は12万円そこそこでしょう。以前と比べたらそれだけで15万円近くも減っていますよ。それがQ1.0住宅なのです。もし太陽光発電をつけなくとも以前の半分以下です。これがまさしく私たちのいう

暖かく暮らす、涼しく暮らす　高断熱住宅では暮らし方の工夫も大切

「燃費半分で暮らす家」です。いい建築家に巡り会ってよかったですね」

すてきな家ですてきな暮らしができた天野さん夫妻は、「この家にして本当によかった」と、今しみじみと思っている。

※

天野邸がモデルになった新住協の家づくり

―計画から設計・施工―
新築編

ができました

詳しくは新住協会員または新住協のHP（http://shinjukyo.gr.jp/）へお問い合わせください。

暮らしの感想 2017の冬

とにかく暖かくて心地いい。何もしてないのに、たいてい20度くらいある。冬なのに家に帰るとTシャツ1枚でOK。これがとにかく楽。家の中では寒さとは無縁。家が暖かいと起きるのもさほど苦にならない。布団から出ても寒くない。以前の家では常に石油ストーブをガンガン焚いていて（大広間）、自分の部屋にも石油ストーブが欠かせなかった。でも、今では暖房自体が不要になった。灯油代だけでも、かなりの節約になっているはず。そして電気代も月に520円ほど、色んな意味でとても暮らしやすい。（天野敏宏）

施工者データ	
会社名 代表者	KSA一級建築士事務所　加藤 裕一
所在地	東京都千代田区猿楽町2-5-2 小山ビル401号
電話・FAX	TEL.03-5577-6936　　FAX.03-5577-6938
Mail	kato@ksa-jp.com
ホームページ	http://ksa-jp.com

第2話

日本の戸建て住宅がこんなに快適な性能だったとは！

広島県福山市

「こんなところに日本人」というテレビの人気番組がある。その名が示すとおり、私たちの大多数が知らない世界の片隅で暮らす日本人を見つけ、そこを訪ねて、そこに至る経緯とその人たちの暮らしを紹介する。私たちの常識からは意外だと思えるような生き方から、人生を再発見、幸せとは何か、本当に大事なものは何か、時にはそういうものを考えさせるユニークな番組だ。

２０１６年５月、「この家にしてよかった」の取材で広島県福山市のＱ1.0《キューワン》住宅を訪問して、ふとこの番組名が頭に浮かんだ。

Ｑ1.0住宅は必ずしも厚い断熱を必要とはしないのだが、ここに建ったＱ1.0住宅は、断熱材は厚く（一般の２倍以上）、窓ガラスは二重三重になっていて、常識的に云えばどこから見ても寒冷地向きの住宅である。

そのＱ1.0住宅があの温暖な瀬戸内地方に建ったのだから、テレビ番組風に云えば「こんなところにＱ1.0住宅」である。北海道の北の果てでも堂々と通用する住宅が瀬戸内のような温暖地に建ったら一体どんな暮らしになるか。今回は瀬戸内に面した福山市に建てられたＱ1.0住宅の威力と魅力をお伝えする。

海外経験

家を建築したのは蔭山博之・映子さん夫妻。施工は坂本建設工業㈱である。蔭山

※１　外観は他の家と特別変わらないが、夏冬になると俄然性能を発揮するのが高断熱住宅

さん夫妻は国際協力関連の仕事で永く海外に暮らしていた。中3と小6になる二人の子どもは海外で育った。その海外、実はタイ、インドネシアという暑いところばかりである。現地での住宅はマンションで（200㎡）、当然冷房された環境で暮らしていた。日本に帰っても24時間冷暖房ONの状態で暮らすという発想は、そこから違和感なく生まれたのかもしれない。

一戸建ての高断熱住宅で全館冷暖房？

2014年、映子さんは一足早く帰国して家づくりを計画した。「Q1.0住宅のような家を知っていたのですか？」という私の問いに「全然知らなかったわけではないが、子どもは日本の寒さを体験したことがないので、暖かい住宅にしたいと思っていた」との答え。そこで出会った坂本建設工業の坂本社長から「Q1.0住宅という高性能住宅があるから思い切ってそういう家にしませんか？」という提案を受けたそうである。

その頃、博之さんはまだ海外。坂本社長の提案を受けて「そういう住宅にしよう」と決め、その後、住宅の打ち合わせは完成までほとんどすべて映子さん一人で進めたという。「そういう住宅にしよう」としか言えないのは、坂本社長から冬暖かく夏涼しいと云われても戸建て住宅でそういうことができるのかどうか見当がつかなかったからである。マンション暮らししか知らない博之さんは一戸建てに憧れを持っ

計算結果　　　　福山

部位	断熱仕様	部位面積 A[㎡]	熱貫流率 U[W/㎡K]	係数 H[-]	熱損失 A･U･H[W/K]	熱損失係数 [W/㎡K]	外皮熱損失 A･U･H[W/K]
屋根	HGW16K　100&200mm	25.00	0.141	1.0	3.521	0.025	3.521
天井	セルロースファイバー（ハイサーム）　300mm	53.83	0.111	1.0	5.950	0.043	5.950
外壁	HGW16K　100&100mm	193.35	0.208	1.0	40.255	0.288	40.255
床	押出法PSF3種　100mm	68.73	0.315	0.7	15.139	0.108	15.139
玄関等の基礎	押出法PSF3種　30mm	4.13	-	-	10.319	0.074	10.319
浴室等の基礎	押出法PSF3種　30mm	3.31	-	-	6.823	0.049	6.823
開口部	-	31.88	-	1.0	37.518	0.268	52.338
換気	換気回数 0.5回（90% 熱交換換気）	364.03	-	1.0	19.099	0.136	-
熱損失合計					138.62	-	134.35
延床面積　/　外皮表面積					139.94	-	380.23
熱損失係数　/　外皮平均熱貫流率					-	0.991	0.353

坂本建設工業では、温暖地といえども、住宅の断熱性能を全戸計算する

ていたのでそれを聞いただけで舞い上がっていたのだが、映子さんは一戸建ての寒さを幼少の頃からの経験で知っていた。だから、冬は全館暖房、夏も全館冷房できると云われても、とにかく坂本さんを信ずるしかなかった。

想像以上の家

「こんな住宅になると想像できましたか？」

「いいえ、ここまでになるとは思っていませんでした」

最初から最後まで坂本さんと打ち合わせを進めていた映子さんがそう答えた。

ここで実際の暮らしを紹介しよう。暖房は床暖房。省エネ型ヒートポンプ式電気ボイラーでお湯をつくり床下に配管されたパイプに循環させ床表面を暖め、その熱で1、2階全体を暖かくする。12月に入って暖房が必要になるとスイッチを入れ、後はそのまま入れっ放しで冬を過ごす。家の真ん中に大きな吹き抜けがあるリビングも、2階も、トイレや浴室も寒いところは一箇所もない。

それなのに電気代がさほどかかっていないのはなぜ？　誰もが疑問に思う。博之さんが言う「何と云えばいいのか、実際、一度暖まると冷めないんですよ、この家」「暖房の強弱ダイヤルがあるんですが10段階の2でいいことがわかりました」と映子さんが補足する。それにプラスしてエコキュートを使うことで使用効率が高まるか

ら電気使用量が減る。カビや結露は一切なく、室内はいつもサラっとしている。冬の服装が薄着になって、冬布団をはじめ処分したいものがいっぱい出てきたという。洗濯物も部屋干しでからっと乾く。

夏はエアコンをかけっ放し。かけっ放しいうとすごくひどい状態に聞こえるがそうではない。動いているか動いてないのかわからない位静かに動いているそうだ。子ども室のエアコンだけ必要なときにＯＮ・ＯＦＦすることがあるが、通常は外出するときでもエアコンはつけておく。暑くならない程度に温度設定しておく。それが一番快適に暮らせるのだ。

映子さんがこう話す「断熱ブラインドがすごく効きます。だから窓を開けずに夏中使っています。夏、窓を開けないというのが、聞きようによってはどうかという人もいるでしょうが、開放感は外で味わって、真夏の暑いときは家の中で涼しく暮らす、身体を休める、そのとき多少暗くとも暮らしてみるとそれが一番いいのです。今思うと網戸って要らない窓の方が多いみたい」とにこやかに話した。

それから、家の中のほこりがなくなったとすごく感じるそうだ。周囲には住宅もあり道路もある。気密性が高いから騒音も聞こえない。とにかく、そういう暮らしができてあのＰ．34の光熱費なのだ。

二重になったハニカム状の空気層が断熱性を高め夏冬とも機能する

冷房も暖房も意識にない生活

「それにしても、この家はすごい。日本の住宅がこんなに進歩しているとは思ってもいなかった」と博之さんが言う。神戸のマンション時代、夏は冷房に電気代が、冬は暖房にガス代がそれぞれ月1万円以上かかった。夏は暑い暑いといいながら、冬は寒い寒いと云いながらである。それが今では暑い寒いを気にせずにあの金額である。近所の知人の家で暖房費が2万円かかっていることを思うとこの家との違いをあらためて思うのである。

誤解される言い方になるが、映子さんは、冷房も暖房も「どうでもいいと思っているんですよ」という。どうでもいいとは、日々の暮らしの中で意識しないということ。寒いから暖房しなくちゃとか暖房費がかかり過ぎたとか、そんなことを考えなくてよくなったというのだ。

「寒いと何もできないですよね、まず自分の身体を暖めたくなってしまう、だから冬は何もできないんですよね」こういう言葉は訪問先で何回も聞いた。春や秋は、冷暖房のことなど何も考えないで生活している。それと同じ事が真夏真冬にできている、それが映子さんのいう「どうでもいい」という意味なのだが、暮らしている人でないとわからないかも知れない。

断熱性の高い住宅での吹き抜けは夏冬とも快適性を高める

厚い断熱と大事な開口部

下表はこの家の断熱に関する仕様である。

天井300㎜、床100㎜と厚い断熱材が入っている。これらはこの地域で一般的に建てられている家の倍以上の断熱になっている。

ここでは特に外壁に注目して頂きたい。高性能グラスウールが200㎜つまり20㎝なのだが、ちょっと詳しい人なら「おや？　柱は3・5寸つまり10㎝じゃない？断熱材がどうして20㎝の厚さなの？」と思うはずだ。実は次ページのように外壁の内外に断熱材が二重に入っている。もちろんこういう技術は今まではなかった。坂本建設工業が私たちの団体で学んだ施工技術なのだ。壁は住宅全体の中でもっとも面積が大きく熱ロスが最大になる部位なので、壁の断熱性能を高めることは冬の保温、夏の保冷に大きな効果を発揮する。

熱ロスを最小限にするという視点から開口部はサッシに樹脂製を、ガラスは現段階で最も高性能なＬｏｗ‐Ｅのトリプルガラスが使われている。また、24時間換気は、室内の暖かい空気を外へ出すとき、室内に入る空気と交叉させ熱だけ回収する熱交換型を採用している。

蔭山邸はこうして国の基準の数倍も高性能な家になっている。「冷房も暖房も意識したことがない、勝手に作動してくれて、それでいてランニングコストが信じられ

断熱　開口部　換気　仕様書

天井	セルロースファイバー		340mm
外壁	充填部	高性能グラスウール16K	100mm
	付加部	高性能グラスウール16K	100mm
床	押出法ポリスチレンフォーム　3種		100mm
開口部	アルミ樹脂複合サッシ＋ガス入りLow-Eトリプルガラス		
換気	熱交換換気　90%効率　0.3回		

断熱性能及び年間暖房エネルギー消費量　■建設地 福山

Q値	熱損失係数	0.99W/㎡K
U値	外皮平均熱貫流率	0.36W/㎡K
暖房エネルギー年間消費量	電気（効率1.0）	1080kWh
	灯油（効率0.85）	123ℓ

ないくらいかからない」家の秘密はここにある。

驚異の小燃費と太陽光発電

家庭のエネルギーはすべて電気である。平成14年12月に竣工してからずっとエネルギーの使用量が測定されている。それによれば、１年間の電気購入量は３３６８ｋＷｈ、金額で約６５０００円。つましく節約しているわけではない。節制を強いられているわけでもない。それどころか、夏は24時間全館冷房、エアコンは切らない。冬は24時間全館暖房、暖房はいつもＯＮ状態の生活をしているのだ。

太陽光を中国電力に売電しているのだが、昨年一年間の売電金額は約１７８０００円。支払った電気代が６５０００円だから１１３０００円のプラスになっている。料金の他にこれには大きな意味がある。売電量４８１４ｋＷｈは購入量３３６８ｋＷｈを１０００ｋＷｈ以上上回る。つまり、ＣＯ２排出ゼロを意味するばかりか創エネで社会貢献しているとも言える。住宅性能をここまで向上させると、太陽光発電が更に大きな働きをする。これは社会的にも大きな意義がある。

国は今、こういう住宅をＺＥＨ《ゼッチ》と云う表現で普及させようとしている。しかし国の基準通りのＺＥＨレベルでは蔭山邸のような住宅は期待できないことを付記しておく。蔭山邸の場合は、坂本建設工業の綿密な計算とたしかな断熱技術（省エネ技術）

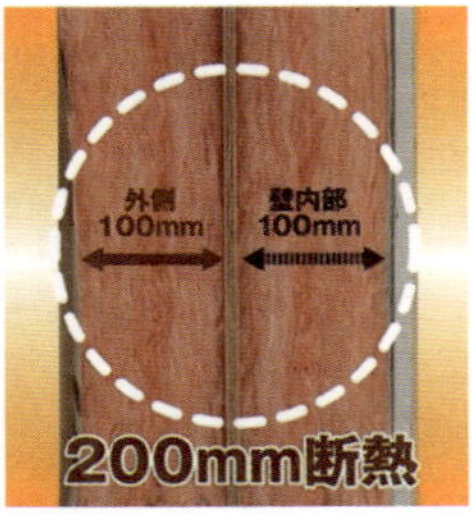

200mm断熱

期間	購入電力 KWh	使用料金	売電量 KWh	売電料金	差引
1/26～2/22	397	7,432	263	9,731	-2,299
2/2～33/23	332	6,325	353	13,061	-6,736
3/24～4/22	203	4,073	484	17,908	-13,835
4/23～5/24	143	3,331	655	24,235	-20,904
5/25～6/22	156	3,561	487	18,019	-14,458
6/23～7/22	220	4,558	418	15,466	-10,908
7/23～8/24	271	5,508	499	18,463	-12,955
8/25～9/23	200	4,163	364	13,468	-9,305
9/24～10/22	181	3,815	468	17,316	-13,501
10/23～11/23	227	4,494	357	13,209	-8,715
11/24～12/22	461	8,078	219	8,103	-25
12/23～1/24	577	9,726	247	9,139	587
年間計	3,368	65,064	4,814	178,118	-113,054

※この表では自家消費分が隠れている

が驚異的な省エネ快適を実現している。こういう住宅は工務店の技術とそこに向かう良識がなくては到達しないのだ。

イニシャルコストと完成後の気持ち

こういう住宅は当然お金がかかる。そこに博之さんが面白いことを言った。「イニシャルコストより、暮らし始めてからどうかだと思う」。たとえば2500万円かかるという話をしているときにあと100万の追加は完成後に追加する100万円とは重みが違う。ならば必要なものは出しておいて、豊かに暮らす方が幸せ感を感ずる」というのだ。400円のたばこを月に15箱吸う人はたばこ代に年間72000円かかることになる。やめた人にたばこ代72000円貯まりましたか、金持ちになりましたかと問えばほとんどの人の答えはゼンゼンであろう。たいていの場合、日常の時間の中で薄まってしまうのだ。博之さんはそういうニュアンスを云いたかったのだが、「あなたは家にどれだけお金あると思っているの?」と、ここで映子さんから突っこみが入ってこの話は終わった。私はその通りかもしれないと妙に納得した。蔭山さん家族の暮らしを聞いているとなるほどと思うし、あとになってああすればよかった、ケチらなければよかったという話は実際よくある。

※2　映子さんは学校の先生。家庭科では省エネや断熱のことにも触れている

家は楽しくなくちゃ

蔭山邸は性能だけではない。家は楽しく暮らせなければ家じゃないというのが私の持論だが、蔭山邸にはそういう楽しさがいっぱい細工されている。家の真ん中に大きな吹き抜けがあるのもそう。子ども達がどこに居ても家族を感じて暮らせる。天井にはシーリングファンを付けた。夏、微風を感じることで肌に涼しさを感じる。エアコンの風とはまるで違う心地よさがある。これも涼しさの科学だ。収納が至る所にマジックのように造作されている。小上がりの畳の間を造り、その下はたっぷり感のある引き出し型収納。階段下の空間も上手に使われている。玄関は、来客用の玄関と家族の収納棚が別に設けられている。普段の暮らしが楽しく機能的な事が十分すぎる程感じられた。

出会いと感性

いい家ができたと心から喜びに満ちている蔭山さんに、家づくりで大事なことは何だと思いますかと質問してみた。「出会いだと思う」どちらからともなく二人が頷いたようにそう言った。「坂本さんの話を聞いて、私は求めていた住宅のイメージがはっきりわかりました」映子さんがそう言うと「お客さんには皆さんに同じ事を云

収納が室内のそこここに工夫されている

うのですけどねぇ」と坂本社長が言う。日ごろどういう考えをもって暮らしているか、それがその場面に出会ったとき、何かを感じるか感じないかの違いなのだろう。説明する側もされる側も、多くの出会いを、その大切さを感じずにやり過ごしているのかも知れない。

「こんな所にQ1.0住宅」と云われることなく、日本全国にQ1.0住宅がスタンダードになる日が来ればいいと思う。(2016.6)

暮らしの感想 2017の冬

高断熱住宅に暮らし始めて、3回目の冬を迎えました。おかげさまで、今シーズンも家の中は暖冬で、ぬくぬくと過ごすことができました。最近、多肉植物やエアープランツに興味を持ち、室内で何種類か育てているのですが、どうやら、我が家は、多肉植物たちにとっても快適なようです。寒さに弱い品種も枯れたり弱ったりせず、逆に真冬でもかわいい新芽が顔を出してくれました。高断熱住宅の思わぬ副産物に癒された今年の冬でした。(蔭山)

施工者データ	
会社名 代表者	坂本建設工業㈱　坂本 利晴
所在地	広島県福山市駅家町大橋1005-1
電話・FAX	TEL.084-976-4501　　FAX.084-976-2890
Mail	info@sakamotokk.co.jp
ホームページ	http://www.sakamotokk.co.jp/

第3話

ふんわりサラサラの暖かさ 山陰の冬が大きく様変わり

兵庫県豊岡市

第2話で広島県福山市に建った住宅を「こんな所にQ1.0住宅」と紹介した。この章は兵庫県の日本海側、豊岡市の住宅だから「こんな所に」の意外性という点では福山市と大差ないかも知れない。

施主は秦佑《はたたすく》・美喜さん夫妻。9歳と4歳になる女の子との4人暮らし。設計施工は隣町養父市の自然工房（代表熊田得男）。2015年秋に竣工し1年目の冬を過ごしたばかり。

豊岡は兵庫県といっても城崎温泉などがある日本海側に位置する地方で、周囲が山に囲まれた盆地。冬は雪も多く結構寒くなる。アメダスの気象データによると、関東地方の宇都宮市と同程度の寒さである。

私たちが訪問したのは2016年6月初旬、このときすでに豊岡では夏日があった。夏はすごく暑くなるところでも有名だ。

快適な家

訪問したその日、夫の佑さんはあいにく仕事で留守だった。「とにかく暖かい、そう言っておいてくれ」との伝言ですと美喜さんが話してくれた。

佑さんの言葉通り、本当に信じられないくらい暖かい家になった。秦さん家族は今年の冬を暮らしてみてそれを実感した。その暖かさは半袖になりたいような暖か

豊岡は古く山陰道の交通要所。夏猛暑としても知られる。トキが繁殖していることでも知られる

さではなく、寒いとか冷たいとか、温度を意識させない温度なのだ。しかも一日中である。朝はすっと起きられるし、外から帰ってもすぐ家事にとりかかれる。以前のように、暖房入れて部屋を暖めてから、「さぁ取りかかるか」というようなことがない。

秦さん達の冬がどんな暮らしだったか2、3紹介しよう。日本海に面した豊岡市は後背に中国山地があるので雪が結構積もる。30㎝位は普通にあって、そのため冬の間は湿気も多くじめじめした重たい日が多いという。気温が大きく下がることはないが、日が照らないので寒く感じる。

ところが、秦邸の内と外は大違い。室内に入るとふんわりとした空気が肌に触れ、暖かい。どちらかというとやや乾燥気味にサラッとしている。洗濯物は室内干しになるがこれが実によく乾く。家の中で子供達はほとんど素足。着るものが一枚少なくなって身軽な冬を過ごした。大きなワンルームは暖かいので広々使える。お父さん手作りの愛娘のための愛情キッチンセットがリビングに置かれていて次女のみさとちゃんが愉しそうに遊んでいた。

同行した設計士がオープン階段になっているのもこの家のよさですねと声をかけてくれた。オープン階段とは、踏み段も両サイドの壁も空いていて空中に階段があるような形のものをいう。これだと空気の通り道をつくらず、室内の空気が大きく対流するので気流を感じない。設計の細やかさも生きている。とにかく、「暖かいと

薪ストーブと自然素材で省CO_2

オープン階段が広々空間を創る

言っといてくれ」という夫の佑さんの言葉が聞こえてくるようだ。

暖かいのは薪ストーブではなく住宅性能のせい

その暖かさ、暖房の熱源は薪である。薪ストーブ1台をリビングに置いて全室暖房している。そのためであろうか、来訪する人は、この家の何とも言えない暖かさに驚くとストーブに寄って「薪ストーブっていいのねぇ」と感嘆することがある。そんな時「この家が暖かいのは薪ストーブのせいじゃなく住宅の性能なんですよ」、美喜さんは、心の中でそう言いたくなる。このあたりでは断熱住宅の暖かさを知らない人が多い。だから「薪ストーブはいい」という表現になる。そんな地域にいて、「暖かいのは住宅性能のお陰」と暮らしてみて瞬時にそう言えるところが美喜さんの偉さだと思う。

「トロ火で冷めない」

薪ストーブは、電気や灯油を使ったストーブより室温の調整が難しい。薪は燃える強弱があるから一定の温度で燃やすには量を加減しなければならない。実際そんなことはなかなかできない。ところが秦邸の室温は安定している。

これにはコツがある。美喜さんのコツはトロ火。昨年12月、シーズン当初は寝室

にあるエアコンも暖房用につけてみた。ところが温度が高くなりすぎたのですぐにエアコンはやめた。薪ストーブだけにして、トロ火で静かに燃えている時が一番安定することがわかったのである。火が消えない程度のトロ火でも室温は下がらないことをつかんだ美喜さんは、薪も堅いものを選んで少量ずつくべている。美喜さんの言葉で言うと「トロトロトロ火で真冬の家が冷えない」のだ。それには住宅の断熱性能が大きく関係する。美喜さんはそのことを理解していて「トロ火で冷めない」と言うのだから、ここでも暮らしの達人と言えよう。

基準以上の厚い断熱

秦邸の心地いい暖かさはどこから来ているか。断熱である。この家は省エネ基準を遥かに超えた厚い断熱で覆われている。下表にその詳細が示されている。専門的な言い方をすると「外皮の平均熱貫流率」(外部に面する壁や窓からどれだけ熱が逃げるかという単位…小さい方が優れている)は0・36で、現行国内の最も厳しい基準0・37(北海道1地域)よりも優れた性能なのだ。天井や壁の断熱が基準よりもはるかに厚く、ガラスはペアガラスの中でも特にすぐれた断熱性能をもつ特別なペアガラスが採用されている。太平洋側のように冬の晴天が多い地域では日射を取り入れるという省エネ方法もあるが、豊岡は冬の日射が少ないので断熱を厚くして室

断熱　開口部　換気　仕様書

天井	高性能グラスウール16K		310mm
外壁	充填部	高性能グラスウール16K	120mm
	付加部	高性能グラスウール16K	100mm
床	押出法ポリスチレンフォーム　3種		100mm
開口部	アルミ樹脂複合サッシ＋ArLow-Eペアガラス		
換気	熱交換換気　80%効率　0.3回		

断熱性能及び年間暖房エネルギー消費量　■建設地 豊岡

Q値	熱損失係数	1.22W/㎡K
U値	外皮平均熱貫流率	0.37W/㎡K
暖房エネルギー年間消費量	電気(効率1.0)	3507kWh
	灯油(効率0.85)	401ℓ

内からの熱ロスを抑制しているのだ。

そうすることによって年間の暖房エネルギーは例えば灯油を使うとすれば４０１リットルと試算される（ＱＰＥＸ）。もし灯油１リットル70円であれば年間約２８０００円位で暖房費が済むことになる。これは、豊岡で寒さを我慢しながら暮らしている家庭の消費量より少ないのではないか。それでいて、家の中全体が暖かい家になっている。快適で省エネという言葉はまさしくこういう家をいう。

出会い

この地域で秦さん夫妻がどういう経緯でこの家に至ったか、すごく興味を持った。

「失礼ですが、住宅を建てようと思ったとき、こういう住宅にすると決めていたのですか」

「いいえ、当初は木の家にしたいとだけ考えていました」

「あるとき、熊田さんを紹介され、こんな家の話を聞いてそうしてみようと思ったのです」

「だから、熊田さんと出会わなければ、こんなに快適で、木にも恵まれた家にならなかったと思います」

私は、やはりと内心思った。そう思ったのは、家の中に通されたときすぐに壁に

QPEX計算表の一部

暖房用エネルギー　／　η　／　発熱量	単位発熱量	エネルギー消費量
灯油消費量 効率 η =0.85	10,289 Wh/リットル	401 [リットル] 2.9 [リットル/m²]
都市ガス消費量 効率 η =0.83	12,083 Wh/m³	350 [m³] 2.6 [m³/m²]
LPガス消費量 効率 η =0.83	14,111 Wh/kg	299 [kg] 2.2 [kg/m²]
電力消費量 暖房COP=1		3,507 [kWh] 25.6 [kWh/m²]

QPEXでは灯油、電気、ガスの暖房熱源にも対応し、それぞれのCO_2排出量も計算する

掛けられた額の揮毫に目が行き、(何の根拠もないが)、何かに導かれたかもしれない、そう頭をよぎったのである。

そこにはなめらかな毛筆字で下記のように書かれていた。

この揮毫は佑さんが4歳の時、但東町の教育長をされていた祖父の知人が佑さんに向けて書いてくれたそうだ。

その人は佑さんが「しみじみと　あたたかさを」どうする人に育ってゆくと思ったのだろう。どういうふうに育っていってほしいと願ったのだろう。

たとえば私はこう想う。雪に迷い旅に倒れた人が豊岡に来る、佑さんは旅人を暖炉の前に導いて暖かい飲みものを差し出す。旅人は炉端でうたた寝をする、佑さんがそっと毛布を掛けてやる、元気になった旅人は、受けたやさしさと豊岡を生涯忘れない。佑さんはそういうふうにこの豊岡で生きてゆく。古来より山陰道の要所となってきた但馬豊岡の未来を、そういう心やさしい人たちに託す、老境の揮毫家には、そんな心境があったのではないか。

暖かい家に住んでいるから心もやさしくなる。人に優しくできる。佑さん夫婦がそういう住宅に巡り会ったのは単なる偶然ではなく、何かの導きもあったと思いたい理由がそこにある。

雪にとざされた　大地の上を
春の風が　心の中に
しみじみと　あたたかさを、
このような人に　きっとあなたは
育ってゆくと　私は信じます
秦佑さんへ

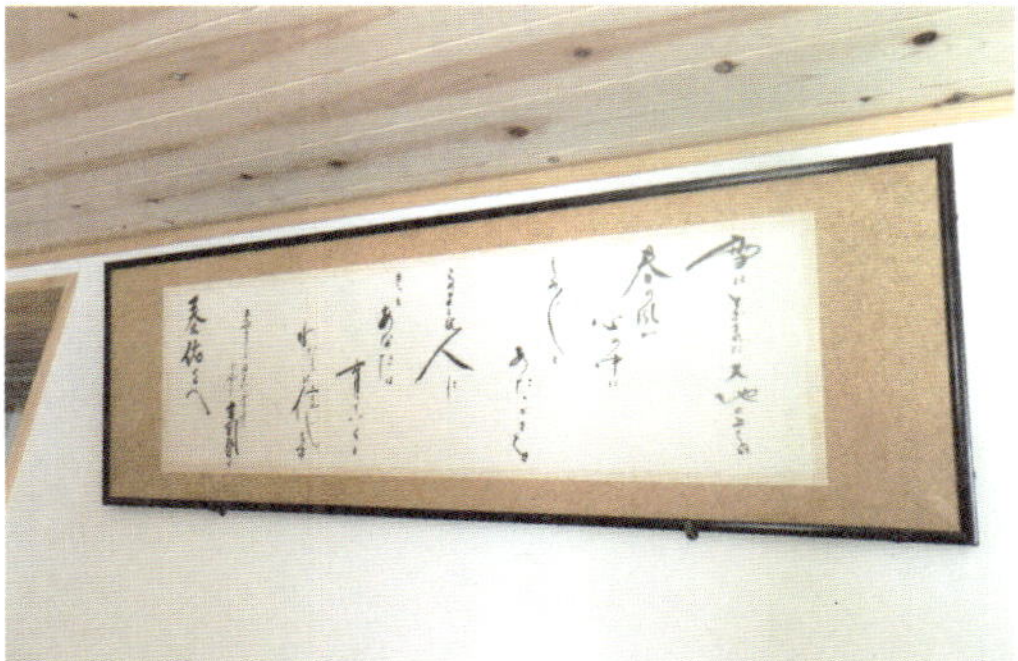

4歳の佑さんの未来に向けて揮毫された額

建築家の使命感

人にも環境にもやさしい家を秦さん夫妻に薦めたのは養父市で建築事務所を営む自然工房熊田さんである。熊田さんは元々地元の建設会社に勤務していた。近年の異常気象や環境汚染に危機感を感じ、住宅建築を変えようと5年前独立、新築の家はすべてQ1.0住宅にすると意を決して、実行している。できるだけ化石燃料を使わない、使っても超省エネ住宅を心がける。秦邸の暖房は薪だけである。木材はその生態上（＊バイオマス）燃やしても二酸化炭素排出はゼロとされる。だから、暖房は薪ストーブを優先する。薪は地元で調達する。そうすれば燃料（エネルギー）の地産地消、しかも、薪をつくることで森林の維持管理に貢献、森林の再生でCO_2の吸収がさらに活性化すると考えている。結果、経済的にも環境的にも大きな社会貢献が生まれる。熊田さんはそう考えている。

太陽光発電を載せて創エネもする。1年前、朝来市で建てた最初のQ1.0住宅には太陽光発電を搭載した。住宅の性能がいいので実質的にゼロエネルギーの生活に成功している。

そんな熊田さんと出会って秦邸は生まれた。その出会いをつくってくれたのは30年前に毫を揮ってくれた老境の人だったらすばらしいロマンであろう。

但馬地方にも高齢化の波は確実に寄せている。暖かい住宅は健康にもいい。身体

＊バイオマスとカーボンニュートラル
たとえば、木材は燃焼させると二酸化炭素が排出される。しかしその炭素は、木材が成長過程で光合成により大気中から吸収した二酸化炭素からくる。そのため、木材を使用しても全体として見れば大気中の二酸化炭素量を増加させていないとされ、この性質をカーボンニュートラルと呼ぶ（ウィキペディア）

の弱い高齢者にこそ本来こういう家が必要だ。自然工房の熊田さんがそれまでの職を辞してまでQ1.0住宅の普及に取り組む理由はここにある。

やればできる、つくればつくれる、それが現代の住宅技術、熊田さんはそれを実践する。

夏「窓は閉めた方が涼しい」

夏の豊岡は山陰屈指の高温となる。冬暖かい住宅は夏どうなるのか、読者の皆さんはふと疑問に思うに違いない。答えは「夏は涼しい」である。正確に言えば「夏涼しく暮らすことができる」であろう。しかも、豊岡のように昼と夜の温度差がある地域ではより有利で、冷房を使わないで暮らすこともできる。それにも暮らしのコツが要るのだが、驚いたことに、この家でまだ夏を経験していない美喜さんは、そのコツをすでに知っているようだ。美喜さんが「窓は閉めた方が涼しい」と言ったからだ。

私たちが訪問したとき秦さんはその住宅で夏を経験していない。しかし、窓は閉めた方が涼しい家だと思うと明言した。但し、全部の窓を閉め切るのではなく、1階の窓、特にテラス戸の欄間や2階の窓は開けておくのがよく、それらを開けたら1階に熱風が流れ込んで来そうだがそうはならない。今年は5月の内に夏日が来た

厚い壁がつくる窓のスペースを飾る置物

がそれらを実証したという。
今年、初めての真夏を迎えるが、実際、その通りになると思う。それは、豊岡の気候特性にある。日中は35～36℃になる日も朝夕は22～23℃位に下がる日も多い。こうなると夜間の涼気を室内に入れ、朝からは窓を閉めてそれらを涼しく保温、日射が入らないように気をつければ家の中は確実に涼しさを保つ。ちゃんとした魔法瓶なら、朝入れた冷水が夕方まで冷たいというあの現象だ。私たちは関東東北でそういう方法がいいと経験則で知っている。美喜さんは、豊岡に暮らして豊岡の夏を知っているから、この住宅なら「窓は閉めた方が涼しい」を直感的に得たに違いない。やはり美喜さんは高断熱住宅の暮らしの達人だ。

暮らしの感想 2017の冬

入居して初めての昨冬は薪ストーブで暖かく暖房しすぎたという反省から今年は室温19℃を目指し暖房しました。その結果去年よりもかなり少ない薪で十分暖かく快適に過ごすことができました。また今年は近年にない約80㎝の大雪に見舞われましたが外は猛吹雪、でも室内は別世界で快適でした！　お客様が玄関に入られると「とても暖かいなあ！」と驚かれます。玄関が家で一番寒い処なのに…この家にしてよかった。

施工者データ	
会社名 代表者	自然工房　熊田 得男
所在地	兵庫県養父市十二所190
電話・FAX	TEL.079-664-0179　FAX.079-660-1069
Mail	sizenkobo@leto.eonet.ne.jp
ホームページ	http://sizenkobo.com/

第４話

暖かい家になったら
孫子《まごこ》が手をつないでやってくる

愛知県名古屋市

名古屋市の中心部に住む北川さん。今年67歳になる。現役を引退したいところだが、求められて会社の相談役として依然仕事を続けている。昨年12月にそれまで住んでいた古い住宅を建て替え、新しい家に入居した。施工した工務店は岐阜県白川町に本社がある㈱ミノワ（藤井和治社長）。温暖な中京に在っても早くから高断熱住宅に注力してきた工務店だ。縁あって北川さんの住宅を建築することになった。もちろん高断熱住宅だが並の断熱性能ではない。おそらく、愛知県全体でもこれほどの高断熱の家はないかも知れない。北川さんにとってはもちろん終の棲家となる。それが思いもかけない住まいになって北川さん夫妻は大きな感動に包まれている。「素晴らしい終の棲家ができたと思っています」北川さんがしみじみ話してくれた。

暖房が動かない

一昨年12月入居後まもなく、藤井社長に北川さんから電話が入った。暖房（エアコン）が動く気配がないが大丈夫かというものだった。「寒いのですか」と聞くと「寒いわけではない」という。正月も近いし、来客もある。それにこれから本格的な冬に入るので心配したのだろう。それは機械の故障ではなく、設定された温度まで室温が下がらないので暖房が無用だったのだが、そのとき北川さんはまだその理屈を知らなかった。それが12月も押し迫った年の瀬である。超高断熱住宅では普通に起

訪問したのは12月初旬だったがこの年まだ暖房機は作動していなかった

こる現象なのだ。

素足で暮らす

２０１５年12月初旬、晴れた日の午前、私は藤井社長と2人で北川さんを訪ねた。北川邸は名古屋駅から車で15分そこそこで、名古屋市中心部の住宅街にある。平屋建ての大きな家だった。北側の玄関から応接に迎えられると、リビングから食堂まではほぼワンルームで、檜の床に南面の窓から冬の日が射していた。壁は淡いベージュ色の珪藻土が塗られている。猫が私たちの訪問にも気づいているのかいないか、籠の中で眠っていた。名古屋の中心街を走る国道からそう離れていないのに都会の喧噪が全く聞こえない。大都市の真ん中にいることを忘れてしまうような何とも穏やかな一室である。

椅子に腰を下ろしている奥さんが素足である。奥さんは私の視線に気づいて「すみません、いつも素足なので今日も…、ごめんなさい」という。素足の感覚がとても気持ちが良くてリラックスするのだそうだ。南面の大きな窓にはレースのカーテンが掛けられていて直射日光の侵入を遮っている。「カーテンを閉めておかないと暑くなる」のだそうだ。

「今朝は名古屋でも5・6℃まで下がりました。でもその時の室温は18・6℃でした。

※1 「雪やこんこ」と歌い出す童謡に「犬は喜び庭駆けまわり猫はコタツで丸くなる」という歌詞があるように、猫は暖かいところが好き。この家が余程気に入っているのだろう

温度が下がらないのです。去年の冬は、日が差すと暖かくなって、外気温10℃の時、部屋の温度が23・5℃ということもありました。以前は外気温とほとんど同じでしたから、この家のすごさがよくわかります」

「暖房しないでも寒くないということは本当に心地いいものですね」

光熱費が以前の3分の1

当然、冷暖房にかかる費用も少ない。以前の家の電気ガスの光熱費は2万から3万円かかった。平月で2万円、冷暖房が必要な月は3万円とみていた。今は平月で8500円～9000円、冷暖房月で11000円くらい、以前の3分の1になっている。それでいて寒さ知らずの家なのだからおかしいですねと笑う。

自然温度差というバロメータ

外気温が5℃の時、部屋の温度が18℃だったという。どうしてこういうことになるのか、どこの家でもこうなるのか、少しだけ専門的なことを解説しておこう。住宅の断熱性能を表す数値を熱損失係数（Q値）という。これは住宅面積1㎡の比較。住宅全体の断熱性能を総熱損失係数（Qa）という。室温を1℃保つのに必要な熱と理解していい。一方住宅は日射熱や室内から発生する熱を取得する。これを内部取

冬の日差しが入ると暖かくなりすぎるのでカーテンを閉めておくそうだ

得熱という。内部取得熱でその住宅の何℃に相当するか。それを自然温度差という(自然に得られる温度だからという程度に理解する)。それが高ければ高いほど、電気や灯油でする暖房量は小さくなるから自然温度差は省エネ住宅のバロメータといえよう。

北川邸では自然温度差が8・2℃と計算された。日射取得熱の数値は晴雨昼夜の平均値だから晴れた日の実際はもっと高くなる。断熱性能を高めて日射熱を多く取得できる設計をすれば、それだけで室内は暖かくなり暖房エネルギーはどんどん減少することになる。

暖房機が動かない、室温が23℃を超えたと言う現象はここから起こるのである。自然温度差は省エネ性能のバロメータであり、自然温度差が小さい住宅で省エネ住宅は絶対あり得ないといえる。

省エネと快適は一緒

ここで快適性について考えてみよう。室温20℃で暮らすとき、大きな暖房機で強く暖房して20℃を保った部屋と小さな暖房で微少に暖房して20℃になるのとどちらが快適か、言うまでもない。ではどちらが省エネか、いうまでもなく後者。つまり、北川邸のように微少なエネルギーで暖かくなる家は快適で省エネなのだ。

桧の床と腰板、塗り壁が暖かい室内に和の趣が漂う

自然温度差の計算式

$$\frac{\text{内部取得熱}}{\text{総熱損失係数}}$$

内部取得熱
÷
総熱損失係数

QPEXで住宅性能計算すると「自然温度差」も表示される

寒くならなければ身体へのストレスも小さくなる。北川邸は快適に暮らせて、体にも優しく、しかも省エネなのだ。終の棲家にふさわしいというのは外観の立派さや豪奢な家具調度品で囲うのではなくこういう家を言う。冒頭、北川さんが話した素晴らしい終の棲家ができたと思っているとはこのことを感じ取っているのだと思う。

出会いは重厚な家

北川さんが㈱ミノワを知ったきっかけは同社が近所に建築中の家を見たことに始まる。瓦屋根の重厚な和風の家が目について訪ねたことがきっかけだった。それまで、大手ハウスメーカーの展示場にも行った。建築家といわれる人の説明会で話を聞いたこともあったが、これだという場面にはついぞ接することなく、やむなくマンション暮らしを試みたこともあったという。しかし、なかなか環境になじめず、住んでいた旧住宅の改修も考え住宅会社に打診をしてみると３０００万円かかるという。娘さん達からは「お父さん達、最期は好きなようにしていいよ」といわれてはいたものの、踏ん切りがつかない。そんなこんなで悶々としていたところに、目に入ったのがミノワの和風住宅だったのだ。

最初から超高断熱住宅が目的ではなく、しっかりした木組みの家がいかにも重厚

純和風住宅は高断熱住宅にならないと誤解している人がいる。大きな間違いだ（右　㈱ミノワの施工例）

で「あの土地に（住んでいた土地）、こういう家がいいかな」と思い建て替えを決心した。

「お孫さん達がやってくる」

まだ着工前、北川さんは藤井社長にこんな話をした。「今の家は寒くて古い家なので子供も孫も来なくなった」。藤井社長はそれを聞いて「娘さん達が孫を連れてくるような家になりますよ」と笑って話したそうだ。北川さんはこのときの言葉を覚えていない。気にもとめなかったのだ。ところが、私たちが訪問した日、奥さんから「部屋が足りなかったみたい、一部屋つくりましょうか」という話が出た。藤井社長のいったとおり、娘さん達が毎週のように来るのだそうだ。

人というのは正直なもので、前の家には泊まろうともしなかった子ども達が、新しくなってからは毎週のように通ってきて、孫達も泊まって行くと言い出すほど、快適で居心地がいいらしい。

終の棲家の意味

終の棲家とはそこで終わる家ではない。子が、親を見守るように孫の手を引いて訪ね、老親がそれを迎え、語り合い、時を過ごす。そうして夫婦は穏やかに老いて

断熱　開口部　換気　仕様書

天井	高性能グラスウール16K		360mm
外壁	充填部	高性能グラスウール16K	120mm
	付加部	フェノールフォーム	45mm
床	押出法ポリスチレンフォーム　3種		75mm
開口部	アルミ樹脂複合サッシ＋一般ペアガラス		
換気	熱交換換気　90%効率　0.5回		

断熱性能及び年間暖房エネルギー消費量　■建設地 名古屋

Q値	熱損失係数	1.53W/㎡K
U値	外皮平均熱貫流率	0.38W/㎡K
暖房エネルギー年間消費量	電気（効率1.0）	2365kWh
	灯油（効率0.85）	270ℓ

ゆく。親、子、孫のつながりを感じながら、親と子のそれぞれの暮らしができたら、この上ない幸せな老後であろう。終の棲家はそんな家であったらいい。その時、暖房などなくとも暖かく、冷房などなくとも暑くない、老いた身体にはそれが一番やさしいのだ。

帰り際、実際暮らしてみて如何でしたかと尋ねた。

「明るくて、廊下もトイレも暖かくて、家中開放していられるのがとてもいいと思います。先日、知人がＳハウスの家を建てたのでお祝いに行ってみたら、床がまるで冷たくてびっくりしました」

奥さんのその言葉がすごく印象的だった。

施工者データ	
会社名 代表者	㈱ミノワ　藤井 和治
所在地	岐阜県加茂郡白川町黒川2478-6
電話・FAX	TEL.0574-77-1255　　FAX.0574-77-2172
Mail	takumi@minowa.biz
ホームページ	http://www.minowa.biz/

第5話

路面電車も走る幹線道路沿い「エッ、ここに建て替えですか?」

富山県富山市

日本列島はすでに亜熱帯地方に入っているとの話がある。ただ夏が暑いというだけでは亜熱帯といわず冬の平均気温が何℃とか、定義をいうと色々あるらしいが、暑くなってきていることだけは紛れもない事実だ。熱中症という言葉も今や定着してしまった。

カンカン照りの真夏、外気温が35℃を超える猛暑日、首都圏や大都市周辺の住宅密集地に住む人たち、とりわけ日中家にいる人はどんな暮らしをしているのかとあらためて思う。

窓を閉め、日除けをして、暑い部屋を避け、どこか一室に籠もり、一日中エアコンをかけて、扇風機を回し、汗を拭き拭き冷たいものを飲む、それでも暑い、ひたすら我慢しているのか。第一、エアコンは効くのか、室外機が何台も置いてあるところを見るとエアコンも2台や3台ではなさそうだ。街中の家は古くからあるから住んでいる人も高齢になっているはず、それにこの暑さ、室内で熱中症の話も聞く、大変なことになっているのではないか。

高断熱住宅であれば少しは楽なのに…。そんなことを思うのである。

それというのも、今回取材する「この家にしてよかった」の家は富山市の中心地にあって、しかも1日2万4千台の交通量がある主要幹線道路沿いに位置し、さらに2車線道路の中央には市電が5分間隔で走る。そんな騒音地に建ったにもかかわらず、素晴らしく快適に暮らしているQ1.0住宅をレポートするからだ。

※1　富山市の中心地にある種邸の前は1日2万台を超える車が走り、手前には路面電車も通る。それでも室内は静かだ

ユーザーは種秀雄さん、由希子さん夫妻。元気盛りの二人の男の子（6歳と4歳）と80歳になる種さんのご両親の6人家族で、1階には高齢の種さん親夫婦、2階には種さん親子が暮らしている。旧市街地に住む家族として典型的な構成である。建築会社は富山市の㈱タケダ建創（武田富博社長）で2015年4月に完成した（上記2400台の交通量は種さん提供、交通量等のデータ管理は種さんの専門職です）。

夏暑い富山

私が武田社長と二人で種さんの家を訪問したのは2016年7月30日の午前11時。北陸地方はすでに梅雨が明けていてその日も気温は高く、後にアメダスを見るとその時点ですでに31℃を超え、午後3時には33℃になった。富山はフェーン現象もたびたび発生し過去には38℃という記録があるほど暑くなる地域だ。

弱冷房で快適に暮らすコツ

私たちが訪問したその日、玄関ドアが開くとすっと涼しさを頬に感じた。左に中廊下が走り少し薄暗い。奥の部屋にほの明かりが見えた。私は「この家は涼しく暮らしている」とっさにそう思った。多くの読者には違和感があるかも知れないが、夏涼しく暮らしている家は大抵ほの暗く暮らしている。私はそれがスマートな暮ら

新住協のマンガ「断熱リフォーム物語」より

し方だと思っている。スマートとはスマートフォンのＳｍａｒｔ、利口な、賢い、しゃれたとかいい意味をもつ。

数年前、群馬県の高崎市でこんな話があった。ある若夫婦が住宅を新築して初めての夏を迎えるとき、工務店が西の窓にすだれかよしずを立て掛けるようにアドバイスした。二人は、窓は小さいし、それに新築の家にすだれやよしずを立てるのは何となくみすぼらしくなるからとそれをしなかった。夏が来て、その家はメチャメチャ暑い家になってしまった。さほど大きくないから気にもしていなかった2か所の窓から入る夏の西日が、レースのカーテンなどものともせず、家の中を真夏の温室のようにするのであった。

驚いて、すだれを掛け、カーテンもきちっと閉め切り、ついでに朝日と日中に日が当たりそうな窓を全部外から覆った。すると今度は一転してメチャメチャ涼しい家になった。その夫婦は工務店にこう言ったそうだ。

「見栄や外見じゃなくとにかく日射を防ぐこと、夏はそれが一番です」

それ以来、新しい家にすだれやよしずが掛けられている家をみると、「あ、クレバーな暮らし方している」と思うようになったそうだ。

昨今、遮熱ペアガラスを使えば日射熱の侵入を防げると思っている傾向があるが、普通ペアガラスによしずやすだれを付けた方が、遮熱ペアガラス単体より遮熱性能が高い。たかがよしずやすだれと侮ってはいけない。

新住協のマンガ「断熱リフォーム物語」より

すだれの日射遮蔽

あらためて私たちが訪問したときの種邸外観をご覧戴きたい（下写真）。窓という窓に日除けが下げられている。1階の窓には室内にカーテンがあり二重の日射侵入防止が施されている。玄関に立ったとき、薄暗く感じたのは、明るいところから入室したせいではなく暗くしていたのだ。

床下吹き出しの冷房

種邸は1、2階に1台ずつエアコンがあって冷房している。住宅面積は上下とも約25坪ずつの計50坪である。それを2台のエアコンで涼しくする。エアコンの設置方法は1、2階違う。1階は、床下に冷気が吹き出されるようエアコンが床下に潜っている（下写真）。ここから吹き出された冷気が室内の各所から微風となって出てくる仕掛けだ。出口は床の間の下部やキッチンの床ガラリ、階段の蹴込みなど目立たないところに設けられている。だから、特別に冷える部屋はなく全体的に同じような温度になっている。このエアコンは、能力としては木造住宅の14畳用だが、実際は1階全部だから通常からいえば3～4倍（50畳）の働きをしている。なぜそれができるかの理由は、断熱性能の高さにあることはいうまでもない。

床下に吹き出す冷房方法（左）窓につけられた日除け（右）。外から取り付けるのが効果的だが風対策もする

床下からの冷房は近年試みられている方法だが、実際は必ずしも全部が上手くいっているわけではない。試行錯誤の試験施工段階と理解しておいてもいい。

ただ、種邸は上手くいっている。それは断熱性能の高さと同時に、室内がやや暗くなるくらいしっかり日射遮蔽していることが、床下からの微風冷房を効かしているのだと思う。

床下からの冷房は、強い冷風が吹き出されるわけでもなく、各所に配された出口から微少な冷風が出て家全体が床面から静かに冷房される。エアコンから出る風が嫌いという現象は起こらない。そこが受けるところだが、実際にはシーリングファン（天井付け送風機）や壁掛けの扇風機など、室内に微風があればより肌さわりがいい冷房になるように思う。

冬の暖房はこのエアコンが暖房モードになる。基本的に冷房と同じ仕組みなので詳細は割愛する。

高気密を生かした快適住宅

冷房の話が続いたが種邸のテーマは「街中の騒音場所に建った高断熱住宅」である。幹線道路沿いでひっきりなしに車が通り、しかも路面電車は5分おきに上下いずれかが通過する。それらはみんな種さん家族が住居を構えた後に出現したもの。

床下からの冷気は階段の立ち上がりや床の間の床面などから静かに這い出てくる

元々ここに人が住んでいて、その後に幹線道ができ電車が走った。先から住んでいる人にとっては〝騒々しくなった〟のである。だから、その場所で建て替えるとなったとき、近隣の親しい人からはうるさいからやめた方がいいと心配されたのだ。しかし種さんの両親にとっては昔から住み慣れた所でもある。隣近所の人とも親しい、見なれた景色、外出するにしてもやはり慣れたところがいい。とはいえ、これまで住んでいて騒音が大きいことはよく分かっているから迷いはあった。

その最終判断は種さんがした。種さんは、高断熱住宅は高気密でもあることから〝いける〟と思ったのである（そういう勉強もしている）。

種さんの考えはこうだ。高断熱住宅は気密性能が高いので外部の音は遮断される。当然閉じた暮らしが多くなるが、断熱性能を高めれば弱い冷暖房で室温は保たれる。空調がよければ快適な環境になる。あとはきちっとした施工が担保されれば必ずいい結果は付いてくる。そう考えて元の場所への建て替えを決定した。

建築業者には地元富山の㈱タケダ建創を選んだ。理由は簡単、高性能住宅の実績が多い。特に壁２００㎜断熱の実績が富山の工務店の中では抜群である。

種さんは空調がよく効く家にしたいから断熱は厚く、少なくとも壁の断熱は２００㎜にしたいと考えた。同じ断熱材なら、厚ければ厚い方が断熱性能だけではなく遮音性も高まる。そうして決まった仕様が下表である。住宅の断熱性能を表す外皮平均熱貫流率（ＵＡ値０・30）、旧基準の熱損失係数（Ｑ値０・91）とも現行

断熱　開口部　換気　仕様書

天井	高性能グラスウール16K		300mm
外壁	充填部	高性能グラスウール16K	120mm
	付加部	高性能グラスウール16K	105mm
基礎	押出法ポリスチレンフォーム　2種		130mm
開口部	防火樹脂サッシ＋網入りペア　一部　2Ar2Low-E		
換気	熱交換換気　85%効率　0.5回		

断熱性能及び年間暖房エネルギー消費量　■建設地 富山

Q値	熱損失係数	0.91W/㎡K
U値	外皮平均熱貫流率	0.31W/㎡K
暖房エネルギー年間消費量	電気（効率1.0）	3060kWh
	灯油（効率0.85）	349ℓ

の最高基準を遙かに上回った数字である。そして重要性を増す気密性能（C値）は0・35である。種さんはこの数字は特に厳しく注視していた。ここの立地条件では重要な意味を持つからだ。気密性能はそのまま遮音性能と比例する。その意味で0・35という数字に安堵した（ちなみに0・35という数字は150㎡の面積に約7㎝角の隙間があることを意味する。これは相当すぐれた値である）。それを気密測定という（下写真）実値測定で確認した。

実際、2階で1時間以上話をしていたが外の音が気になったことはなかった。その間何回か電車も通っていたはずである。そのくらい遮音性が高い。外部の音は全く聞こえなかった。救急車や消防車がサイレンを鳴らして通っても気がつかないとよく言われることだがその通りだ。

ガラス種類と遮音性能

種邸には準防火地域という建築制限があった。これが遮音に関して思わぬ利をもたらした。準防火地域ではサッシのガラスに網入りガラス使用が義務づけられる。網入りガラスは厚さ6・8㎜。ペアガラスのもう一方は3㎜の厚さである。通常は両方とも3㎜か5㎜で構成される。前者は3－12－6・8後者は3－12－3か5－12－5というガラス構成になる（12は空気層）。

気密性能の測定

音はガラスの厚さで透過する波長が違うので、厚さが違うガラス2種で構成されたペアガラスはより多くの領域音を遮音する。例えば、バスの発進時の音と救急車のサイレン音が違うと言えばわかりやすい。低周波と高周波があってガラス構成が違うと通しにくくする周波数が増える。網入りガラスを使うことが遮音にはプラスに働いている。

この暮らしでこの小燃費

かくして、街中に建った住宅は想定した通り快適な環境になった。実際の暮らしを種さんはこうまとめている。

1. 真夏

1、2階ともエアコンを24時間フル回転したのは7月末から8月上旬の2週間程度だった。その他の日も一日中連続運転したのは1階だけで、2階は朝10時過ぎまでは運転しないでも過ごせた。この間、窓は閉めている。

2. 初夏、秋口

暑いときは早朝に窓を開け冷気を導入しその後は窓を閉め切れる。温度上昇もなく過ごせた。

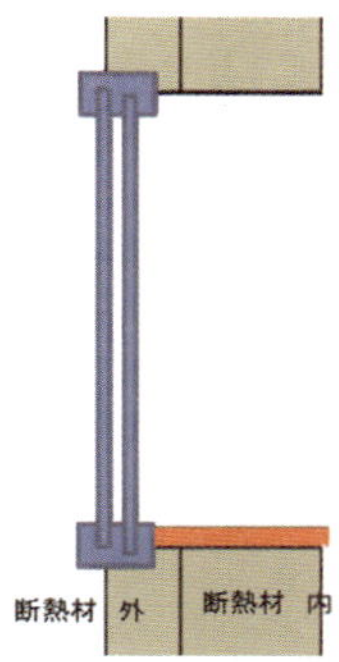

付加断熱　壁の外にも105mm断熱されているので、サッシを外側につけると、自動的に広いスペースができる。防火地域なのでペアガラスの外側には網入り（6.8mm）が使われている

3．冬

1階エアコンを夕方から朝9時過ぎまで暖房を連続運転。2階エアコンは寝る前と朝のみ運転している。室温は一日中20度付近を維持している。室内が乾燥しているので洗濯物は一晩で乾く。Q1.0住宅は魔法瓶のような住宅だといわれるが、実際その通りの性能を発揮している。市電の音は全く気にならない。

そういう暮らしをしていて、月ごとの暖冷房を含む全部の電気使用量が下表である。暖房時は夜間料金が増えるので単価が安くなっている。二世帯、6人家族の料金としては格安である。

元気盛りの男の子が二人ともこの家になって跳ね回るように活発と由希子さんが話すように、冬は布団も一枚薄くなって、どこまで行くか分からないくらい寝返りしているそうだ。寝返りは元気のバロメータというから環境もいいのだと思う。

夫婦協働の家づくり

ところで、種邸の外観（P．61写真）ですだれがかかっていない窓に気づいたであろうか。そこは2階のサンルームになっていて洗濯物干しスペースになっている。2階を主生活の場とする街中の家だからここは便利だ。しかも洗濯物がすぐ乾く。

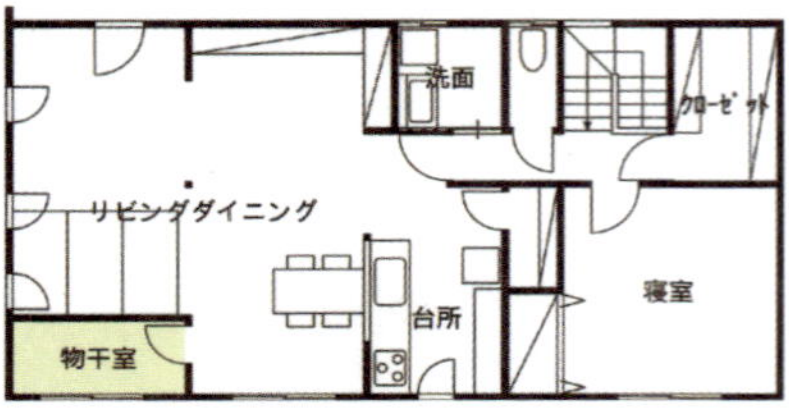

洗濯物乾燥室
「冬でもカラッと乾くのがうれしい」と話す

エネルギー消費量　2015.5～2016.6			
月	使用電力量 KWh	料金(円)	KWh単価
5月	507	9,889	20
6月	403	8,287	21
7月	360	7,717	21
8月	535	11,787	22
9月	433	9,878	23
10月	408	8,780	22
11月	449	9,149	20
12月	538	10,294	19
1月	980	16,124	16
2月	1,135	18,142	16
3月	1,026	16,138	16
4月	647	10,684	17
5月	479	9,011	19
6月	397	8,064	20

光熱費年間合計　約155,000円

北陸に住む人ならよく分かることだが、冬の洗濯物はどこの家でも難渋する。それが解決するだけでも革新的なことなのなのだ。

夫の秀雄さんが家づくりに関して言う。男は最低限の建築知識を持て、しかし、家事台所など、主婦の分野には口を出すな。台所の隣に食品庫ができたのも由希子さんと武田社長の話し合いで決まった。武田社長がいう「奥さんが建設的な意見を出してくれたことがすごくよかった。富山は意外と女性が前に出てくれない」

夫唱婦随という言葉があったが現代は協働の家づくりだ。種さんは一家の要として自分の役割をこうまとめる。

1. どんな家にしたいか（重視するのは性能か、デザインか、予算か…）、それを確定して住宅メーカーや工務店を選ぶこと。
2. 実現させるか願望にとどめるか明確に決めること（太陽光パネルなど）。
3. 地盤改良費はあらかじめ予算化すること。
4. 施主の質問に明確に答えない住宅会社はきっぱりやめること。
5. 住宅展示場巡りよりも最低限の建築知識を持つべき。

これは、本を読むなどの勉強を意味するが、種さんはかなり専門的な本も読んでいる。多くの本を読むより、これはと思う本を読み切ることが重要と話す。参考ま

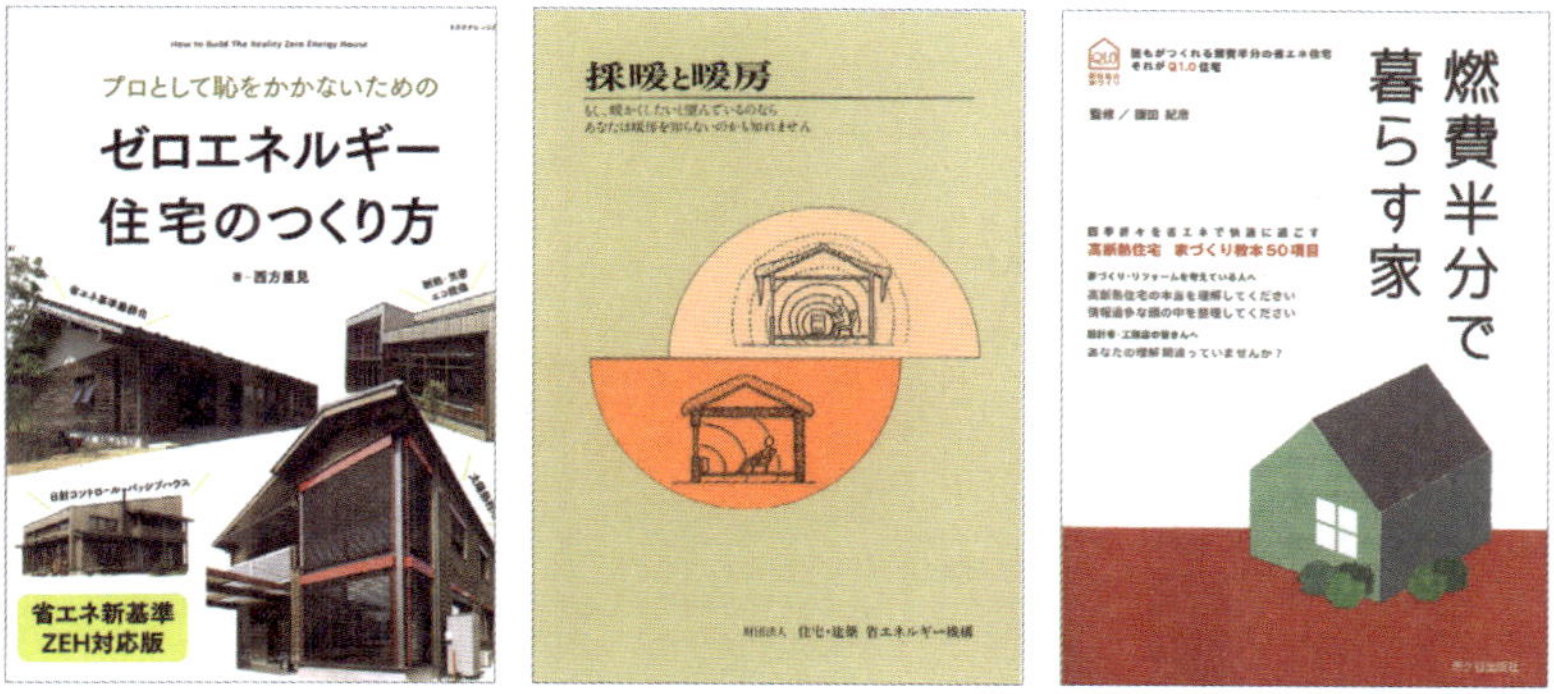

種さんが建てる前に勉強した参考図書（詳細68ページ）

でにリストにしてくれた本の名を末尾に記載した。副題に「冷暴から冷忘へ」という本もある。「採暖と暖房」の冷房版のようで面白い。たしかに暴力的なまで強引に冷房している建物もある。冷房されているかどうかわからない（していることも忘れる）くらい静かな空間もある。種邸の1階など完全に後者だ。

閉じたいときにきちっと閉じられる家、それでいて室内は明るく広々、快適空調で省エネ、高断熱住宅の進化した姿がQ1.0住宅である。種邸は、Q1.0住宅がそういうこともできることを実際暮らしてみて、実証してくれている。（2016.8.8）

■種さんが参考にした家づくりの本

1. 住まいの断熱読本　夏・冬の穏やかな生活づくり　彰国社
2. 住まいから寒さ・暑さを取り除く　採暖から「暖房」、冷暴から「冷忘」へ　荒谷登　彰国社
3. 図面とデータでわかる寒さ暑さに負けない建築設計手法　小室雅伸　彰国社
4. 燃費半分で暮らす家　鎌田紀彦　市ヶ谷出版社
5. プロとして恥をかかないためのゼロエネルギー住宅のつくり方　西方里見　エクスナレッジ
6. 世界で一番やさしい木造住宅監理編　エクスナレッジ

暮らしの感想 2017の冬

今年の2月に金沢の義母が二日間泊りに来たおり「家じゅうがホテルのように暖かくて、靴下なんかはかなくても過ごせる」と申しておりました。（奥様談）

施工者データ	
会社名 代表者	㈱タケダ建創　武田 富博
所在地	富山県富山市千石町6丁目1-7 ルイ・ロデレール1F
電話・FAX	TEL.076-493-4321　FAX.076-493-4488
Mail	mail@partnershome.info
ホームページ	http://partnershome.info

第6話

住んでわかった！Q1.0住宅ユーザーの面白語録

新潟県上越市

フェイスブックに流れたメール

２０１５年７月13日、新潟県上越市は朝からぐんぐん気温が上がって昼にはついに38℃を記録した。フェーン現象である。この日、夜になっても気温は下がらず、結局翌朝までほぼ30度の熱帯夜であった。上越の誰もがむんむんとする暑い夜にあえいでいたその夜、一通のメールがフェイスブックで流れた。

「日本一、暑かった上越ですが…、
なんとか熱帯夜は避けられたようです。
流石に今日の夜は寝室のエアコンが活躍するかと思いきや、
扇風機で大丈夫そうです。
以前住んでいた鉄筋コンクリートの建物では考えられない快適さ。
今日のような日は家の断熱性能が威力を発揮しますね〜
つくづく、この家にして本当に良かったと思っています」

このメールを送信したのは上越市の浦川原に住む春日智昌さん（43）。送信時刻は7月14日の０時43分と記録されている。このときアメダスによればこの地方の外気温は30℃、事実上熱帯夜である（次頁表）。この夜、春日さんは前日夜勤があって、

※1　以前のコンクリートの建物では「冬は結露で夏は汗で、ともにビショビショの生活でしたと笑う春日さん夫妻。「今はパラダイスです」と当時をふり返る

勤務先の特老施設から午前11時に帰宅した。フェーン現象で猛烈に温度が急上昇中であった。午後2時頃から2階寝室で、さすがにこのときはエアコンを付けて休んでいた。4時頃に1階におり夜10時頃、再び2階寝室に戻るとき、階段を上りながら思った。「今日はエアコン無しでは眠れないだろうな」。エアコンを消してから6時間は経過しているし、その間、37~38℃の外気温だったのだから。ところが、二階へ上がっておやっと思った。蒸し焼かれるようなムッとした暑さが無いのである。布団に横になって、「これを仲間に知らせよう」そう思って寝る前に流したのが冒頭のメールなのだ。春日さんは天井を見つめながらこうつぶやいた。「断熱は夏も効くのか…」寒さや結露のことだけ考えて高断熱にこだわった家づくりだったが、断熱は夏の暑さにも効くと、このとき、あらためて知った。それにしても以前の家とは何という違い、この家にして本当によかったと春日さんは心から思ったそうである。

「この家にしてよかった」第6話は2014年3月に完成した新潟県上越市の春日智昌・智恵子さん夫妻の家づくりを紹介する。設計施工は妙高市の家'Sハセガワ㈱である（イエスハセガワと読む）。

初めて知った「断熱は夏も効く」

「断熱は夏も効くのか」とつぶやいたことには訳がある。春日さん一家はこの家に

2015/7/13　気象データ　高田市

7時	30.2	15時	38.1	23時	29.1
8時	33.2	16時	37.0	24時	30.3
9時	32.9	17時	37.1	1時	30.0
10時	34.0	18時	34.2	2時	29.7
11時	36.3	19時	33.5	3時	29.8
12時	36.4	20時	32.2	4時	29.3
13時	37.1	21時	32.6	5時	29.7
14時	37.8	22時	30.5	6時	30.4

※2　日本海側は夏は熱帯夜、冬は日照時間が少ない上、時折の豪雪、気象条件は太平洋側よりはるかに厳しい

入居する前、市の公営住宅に12年間住んでいた。公営住宅は鉄筋コンクリート造で、部屋は4階建ての最上階だったので、屋上が春日さん達の天井面になっていた。今考えれば場所も悪かったといいながら、春日さんは当時の夏を思うのだった。

「首にタオル、枕元に水、これ何の格好か分かりますか?」

春日さんが笑って私にきく。寝るときの格好だそうだ。

「天井から熱気がむんむん来るんです。寝ていると汗がだらだら、それを首に巻いたタオルで拭き、暑いから水を飲む、水を飲むと今度は全身から汗が噴き出す、そういう循環でそれはもう大変でした」と当時を話す。かんかん照りの真夏、おそらくコンクリートは50～60℃になっている。それが下の部屋の天井になっているわけだから、天井はコンクリートの巨大な熱の塊となって部屋に向かって40℃以上の熱線を放射する。これではたまったものではない。あまりのひどさに、あるとき天井面の温度を測定したら38～40℃もあった。これでは真夏に暖房機をかけているようなもの。

冬は冬で結露に悩まされた。それも水滴が付いたという程度のものではない。寝室は天井から雨漏りのように滴が落ちてくる日もあった。それでも、暖房をしている部屋はまだよかったが暖房していない部屋はまるで浴室の天井のように、滴が今にもしたたり落ちそうに垂れ下がっていることもあった。暖房をすれば少し収まることは知っていた。しかし、たった15～16畳(2部屋)程度を暖めるのに暖房費が

新住協のマンガ「断熱リフォーム物語」より

月２万円もかかるのだ。結露を少なくするためだけにそれ以上の暖房費をかける訳にはゆかなかった。そんなわけで、寝室は暖房をしていなかったので布団は冷え切っていて毎日湯たんぽで布団を暖める始末、冷たい布団に入るのがとても苦痛だったと述懐する。また、押し入れや家具の裏側はカビで真っ黒、子供はしょっちゅう風邪をひいて病院へ頻繁に通っていた。結露やカビがでる環境は健康にもよくなかったのだ。

すぐれた断熱性能

そういう苦い経験をしてきた春日さんが家を建てることになった。キーワードは「暖かい家、省エネ、耐雪」である。そしてめでたく家、Ｓハセガワという住宅会社に巡り会って思い通りの家を手にすることができた。下表は春日邸の断熱仕様である。建設地上越市は旧省エネ基準のⅣ地域で、断熱性能をＱ値（熱損失係数）で表せば２・７（Ｗ／㎡Ｋ）である。春日邸は１・22だから国の最高基準である北海道の基準１・６よりもさらに高性能である。40坪を超える家だが一冬全室24時間暖房していても暖房にかかる灯油は年間５２７リットルと計算された（新住協のＱＰＥＸ）。灯油価格が１リットル60円として年間３２０００円である。春日邸はエアコン暖房だから同じ計算にはならないが５万円（一冬）程度である。以前の公営住宅ではたっ

断熱　開口部　換気　仕様書

天井	セルロースファイバー		400mm
外壁	充填部	高性能グラスウール16K	120mm
	付加部	高性能グラスウール16K	120mm
床	高性能グラスウール16K		120mm
開口部	樹脂サッシ＋遮熱Low-Eペアガラス		
換気	熱交換換気　74%効率　0.5回		

断熱性能及び年間暖房エネルギー消費量　■建設地 高田

Q値	熱損失係数	1.22W/㎡K
U値	外皮平均熱貫流率	0.37W/㎡K
暖房エネルギー年間消費量	電気（効率1.0）	5522kWh
	灯油（効率0.85）	527ℓ

た15～16畳の部屋を暖房していて年間7～8万円かかっていたのだから、新しい家の燃費がいかに高性能かが分かる。

この家の性能は断熱だけではない

キーワードのもう一つは耐雪である。浦川原は積雪が2mになることもある。この地で家を建てるからには雪のことを考えねばならない。その点家'Sハセガワは雪対策研究の歴史が長い。1986年というから今から30年前になる。きっかけはその3年前に上越地方を襲った59豪雪。その年の積雪累計15mという豪雪が3年続いた。それをきっかけに全社挙げて克雪住宅の研究に取り組んだのだ。そうして開発されたのが落雪住宅、融雪住宅、耐雪住宅の克雪住宅の3タイプである。このあたりの経緯は同社が発行している「いっしょういっしょ」という本にまとめられている。春日さんはその本を入手していて内心家'Sハセガワのファンになっていたと明かした。春日さんは耐雪住宅を選んだ。屋根上積雪が3mになっても雪下ろしなしで耐えられる設計になっている。地元の気候と雪のことをきちっと考えていない会社は最初から対象外だったので、大手メーカーは考えていなかった。

建物はお金じゃない

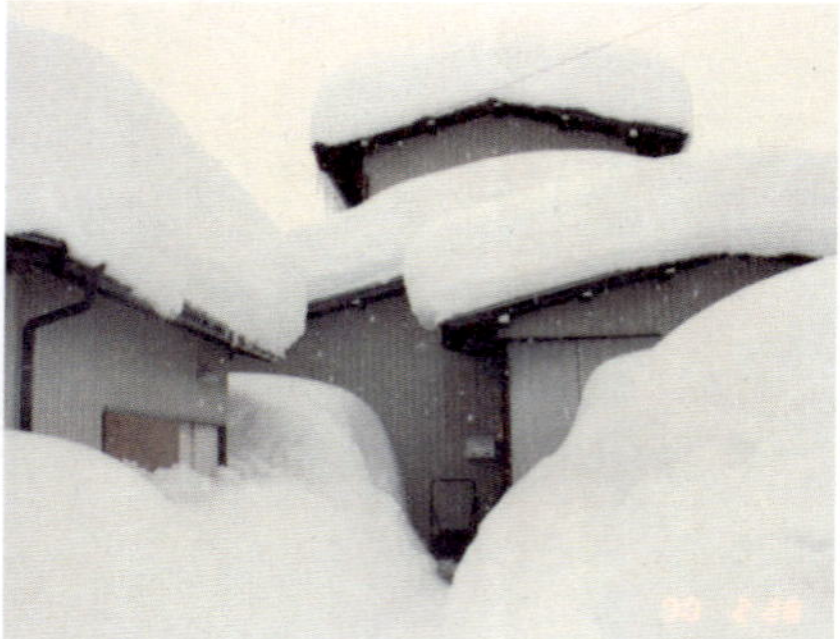

上越市では1984年の豪雪で累積の降雪量が15mに達したという

「建物はお金じゃない」

春日さんがそう言った。お金をかければ省エネで快適な家になる、ではなく、断熱性能、省エネ性能は技術だという意味で、お金をいくらかけたって、技術が無ければ暖かくも快適にも、省エネ住宅にもならない。また、お金がかかっても性能が優れていれば、お金では計れない価値を感じる、お金以上の価値があると思う、そう言っているのだ（春日さんは時々意味深な面白い表現をする人だ…笑）。

竣工から3年。夏冬を2シーズン過ごした。二人は今、この家にして本当によかったと思う日々なのである。

住宅の取扱説明書

「この家は高性能です、使い方もありますから、しっかり使いこなして下さい。暮らしがより楽しくなります」

着工式の日、春日さんは家S，ハセガワの長谷川覺社長からそう言われた。そのことをはっきり記憶していて、夏も冬も、いろいろな操作をする度、その言葉を思い出している。暖房は壁掛けのエアコン。さほど強くしないで家は暖かくなる。暖房設定温度は何℃がいいのか、寝るときは消すのか運転させておくのか、その時、隣室との戸はどうするのか。

家'Sハセガワでは、暖かい家と同時に、融雪住宅・落雪住宅など克雪住宅の開発に取り組んできた

夏は夏で色々ある。断熱を生かして保冷を効かすことができる。夜間、外の冷気を取り込み、朝は早い内に窓を閉めて保冷状態を保つ。暑くなったらエアコンをかける。春日邸にあった生活方法を探り見つけてゆく。

「こういう家は住宅の取説が必要ですね」と春日さんが又面白いことをいった。これには私も同感だ。このシリーズでユーザー訪問をしていて気づくのだが、暖房や冷房、給湯機器などその扱いが業者任せになっているケースが多い。実際は、住んでいる人が上手に調節して機器を使いこなすことが大切なのだがそれができていない。たとえば、今はどの家にも換気機器が必ず付いている。その換気機器には、フィルターの掃除や換気風量の調整など、ユーザーがしなければならないことがある。それをしないと機械は動いているのに実際の換気はゼロだったということが実際に起こっている。空気が淀んだり湿度が高くなって結露の原因にもなる。このほか暖房機器には設定温度を調整したりなど、知っておきたい操作知識があるのだが実際はなかなか難しい。使い方一つで省エネを台無しにしてしまうようなこともあるので、そういうことを含めて「住まい方の取説があったらいい」は大いに同感だ。

食品庫

住宅の取説的考えから生まれたものの代表が「食品庫」であろう。野菜や果物を

この原稿を執筆後、実は家'Sハセガワでは住まい方マニュアルを各邸別に作ってユーザーに渡していることがわかった。春日さんは「入居後1、2年とも会社の人が夏前と冬前に来てくれて冷暖房の取り扱いを説明してくれるので不明な点や疑問点を聞くことができて安心している」と話してくれた。

台所のそばに食品庫がつくられた

保管する場所だがただの置き場ではない。その場所は暖かい空間ではなく半外《はんそと》的な寒いスペースである（図※）。

つららは人がつくるもの

春日さんの面白語録の3つめは「つららは人が作るもの」。

「つららは寒さが作るものだと思っていたらそうじゃないんですね。つららって人が作っているんですね」と又々面白い言い方をした。

勤務先の特老施設では、毎年冬になるとつららが軒先一面を覆いそれが春まで続く。そして膨大な額の電気代を暖房に支払っている。春日さんは、それまで電気代のこともつららのことも「寒いから」という程度で特に意識したことはなかった。しかし、暖かい家に暮らすようになって、熱のことを考えるようになった。なぜ少ないエネルギーでこの家が暖かくなるのか、そんなことを考えていたある日、人の背丈ほどのつららが何本も下がっている光景を見て、それは電気で作られていると気がついた。膨大な電気代はつららも作っていたのだと脳天を痛撃されたのだ。あらためて断熱や気密の重要性を知った。その話をしたら智恵子さんが「つららの話は新住協で作った漫画にも載っていましたよ」と笑った。漫画とは、当会で発行している「あったか断熱リフォーム物語」で、つららはなぜできるか、できない家とできる家は何が

違うか、などが面白く書かれている。

「そういえば、暖かくなると冬の寒さを忘れてしまうとも書いてあったけど、ほんとにそうですよね、うちも危なかった」と智恵子さんが冗談っぽく話した。

この家でよかった

春日さんが最後に話した。

「冬は、職場に行きたくない、行ったら行ったで早く我が家に帰りたい、子供のようだけど正直本音です（笑）」

家が暖かいと雪国の人は心までやさしくほころんでくるようだ。

ほのぼのとしたいい家族が本当にいい家をつくったと思う。（2016.8.5）

暮らしの感想 2017の冬

高断熱の家で3回目の冬を過ごしました。我が家の冬は24時間エアコン暖房です。日中も家にいることが多いので深夜電力を使わない契約です。今でも、十分電気代を安く暮らしていますが、さらに安くできないかと、昨年の電気使用量を元に4月から始まる新プランでシミュレーションしてみました。結果は今より年間3000円安くなることがわかったので契約変更を考えています。

施工者データ	
会社名 代表者	家'Sハセガワ㈱ 保坂 浩之
所在地	新潟県妙高市大字十日市473
電話・FAX	TEL.0255-72-2734 FAX.0255-72-0739
Mail	h-hosaka@yeshasegawa.co.jp
ホームページ	http://www.yeshasegawa.co.jp

第7話

家は人生の礎《いしずえ》

岩手県平泉町

「失敗しない家づくり」岩手での啓蒙活動

高断熱住宅は冬の暮らしを革新的に快適にする。そのことが東北で知られはじめたのは平成に入ってからだった。寒い寒いといいながら、寒さを我慢していた北国の冬の暮らしを、一変させたのだった。工務店はそれを知ってもらうために意図して〝寒い冬〟に体験見学会を開催した。とにかくまずはユーザーに体験して貰うことに努力した。訪れた人は家の暖かさの違いに驚きを交えて感動し、高断熱住宅は一冬ごとに各地に広まっていったのだった。

新住協で、普及啓蒙活動に一番積極的だったのは岩手県の会員だった。地元テレビのＩＢＣ放送や岩手日報という地方メディアが高断熱住宅の普及に力を入れていたこと、高断熱住宅の開発者である室蘭工業大学鎌田紀彦教授が盛岡市出身だったことなどが相まって、岩手県では東北でも最も活発な高断熱住宅の普及運動が行われた。

ある年の冬はこういうことが行われた。まずテレビで高断熱住宅講座（講師鎌田教授）を開催し、テレビに出演した鎌田教授が翌週、盛岡や北上に出向き、セミナー会場で直接市民に高断熱住宅のよさをアピールした。新聞やテレビの効果もあって北上市で開いた平成９年の会場には１００人近い人が集まるほど盛況だった。セミナーのテーマは「失敗しない家づくり」で、当時のセミナー資料が新住協事務局に

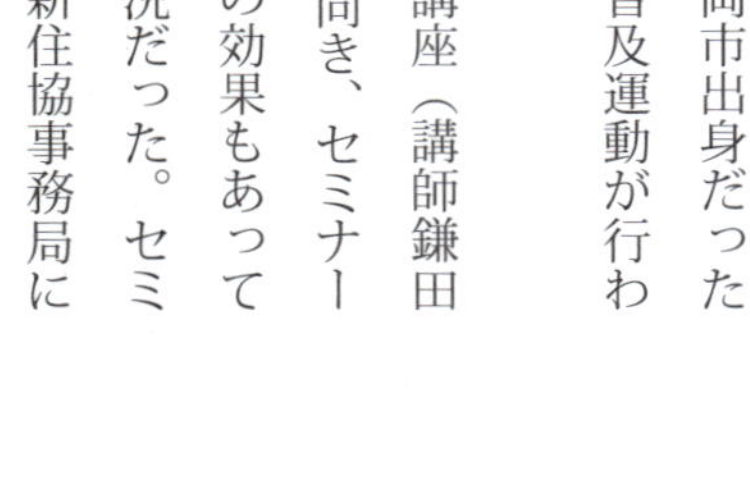

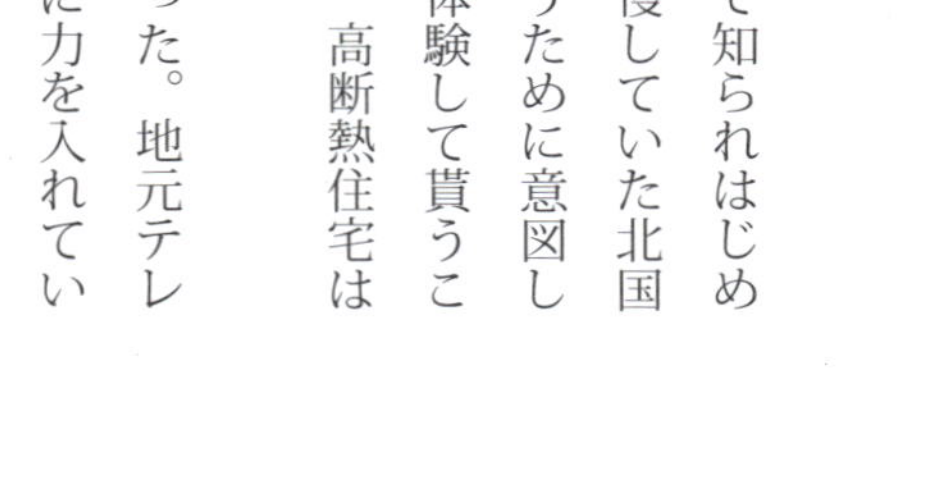

冬の寒い時期に岩手や山形でテレビ放送された「失敗しない家づくり」の一画面

今も残っている。

体験宿泊型住宅展示場の出現

「失敗しない家づくり」では、副題として「車なら買う前にちょっと乗ってみることもできるが家はちょっと住んでみるというわけにはゆかない。賢いユーザーになろう」という趣旨のフレーズを使った（新住協オリジナル　下）。

高断熱住宅はとにかく住んでみないことにはその良さがわからない。我ながらいいフレーズができたと思っていたら、その1～2年後仙台の住宅会社がそっくりそのままその言葉を使って体験宿泊ができるモデルハウスのPRしていた。私はそのチラシを見て少し苦々しく思ったが、それで普及するのなら目くじら立てる話じゃないと寛大にいた。

体験宿泊はいい方法だと思う。とにかく、真冬の高断熱住宅は住んだことのない人にとっては未体験ゾーンなのだからちょっと住んでみることは「失敗しない家づくり」の第一歩と言えよう。「建てるなら住まいをもっと知ってから」、高断熱住宅は特にそう思う。しかし、最近は体験宿泊させて成約までこぎつけようという魂胆が強すぎる会社もあるようだから、体験宿泊に行くならそれなりの覚悟が必要かもしれない（第15話に関連記事）。

車なら、買う前に
「ちょっと乗ってみる」こともできますが、
住宅は「ちょっと住んでみて」と
いう訳にはいきません

満足できる家をつくるために
『建てるなら住まいをもっと知ってから』です

賢い住宅消費者《ユーザー》になりましょう

平成9年消費税が3%から5%に上がるとき「駆け込み」宣伝に扇動されて失敗しないよう呼びかけた

体験移住

「そこに住むにはまずその地域に住んでみるのがいい」そう思ったのだと、埼玉県上尾市から岩手県平泉町に移って、家を新築した沖山悟さんは平然という。平泉に新居を構えるその前の一年、まだ土地も決まらないうちに、平泉町のアパートに仮住まいした。

それが移住先の家づくりに大きく役立った。役だったどころではなく、そのお陰で今があるとさえ言う。建築を依頼した㈲木の香の家（本社　岩手県北上市　白鳥顕志社長）に巡り会ったこと、とんでもなく暖かい家ができたこと、暖かい家が第二の人生の礎《いしずえ》になっていること。それらはすべて一年間の仮住まいがあって得られたのだと話す。

「この家にしてよかった」今回は㈲木の香の家が建てた岩手県平泉町に住む沖山さんの家づくり物語を紹介する。

仮移住「ここはなんて寒いんだ！」

上尾から体験移住して平泉町に住んだアパートはとにかく寒かった。

「部屋にストーブを付けてコタツに丸まって、ガラスの結露が凍り付くのをみてタ

世界遺産　毛越寺の入り口。沖山さんはパンフレットにこの土地の「寒さまでは書いてなかった」と苦笑する

メ息付いていました」

「あまりに寒いんで、股引をはいてパジャマを着、靴下を履いて寝ました（笑）」

「本にはこの辺りのこと色々書いてありますが寒さまでは書いてありませんからねぇ」

「来てびっくりというか、来てみてよかったですよ」

「暖かい家にしないと大変なことになる」

これは絶対だと思ったそうだ。

関東や関西の人に次のような情景が実感できるだろうか。

「寒くて夜中に目が覚めた。体を1ミリ動かすと1ミリの寒さが侵入してきた。体を動かす度に寒さが布団の中に入り込んできて、もう眠ることはできなかった」

司馬遼太郎の「街道をゆく」シリーズ（北海道の諸道）の函館で宿泊する場面に出てくる一節である。

平泉町の寒さはマイナス5℃とか6℃なのだけれども、暖かい埼玉からきて初めて触れる平泉町の寒さを沖山さんは司馬遼太郎と同じように感じたのではないか。関東や関西の人も冬は寒いとはいうものの寒くて眠れない程の経験をしたことはないであろう。極寒というのは南極や北極だけの話ではない。「暖かい家にしなければ大変なことになる」と決意した沖山さんの気持ちが推測できる。

本誌第19話のP．198は市民住宅セミナーで使っていた「今の住まいはどうなっ

※1　高断熱住宅にするとなぜ暖房エネルギーが減るかの理論もテレビで解説された

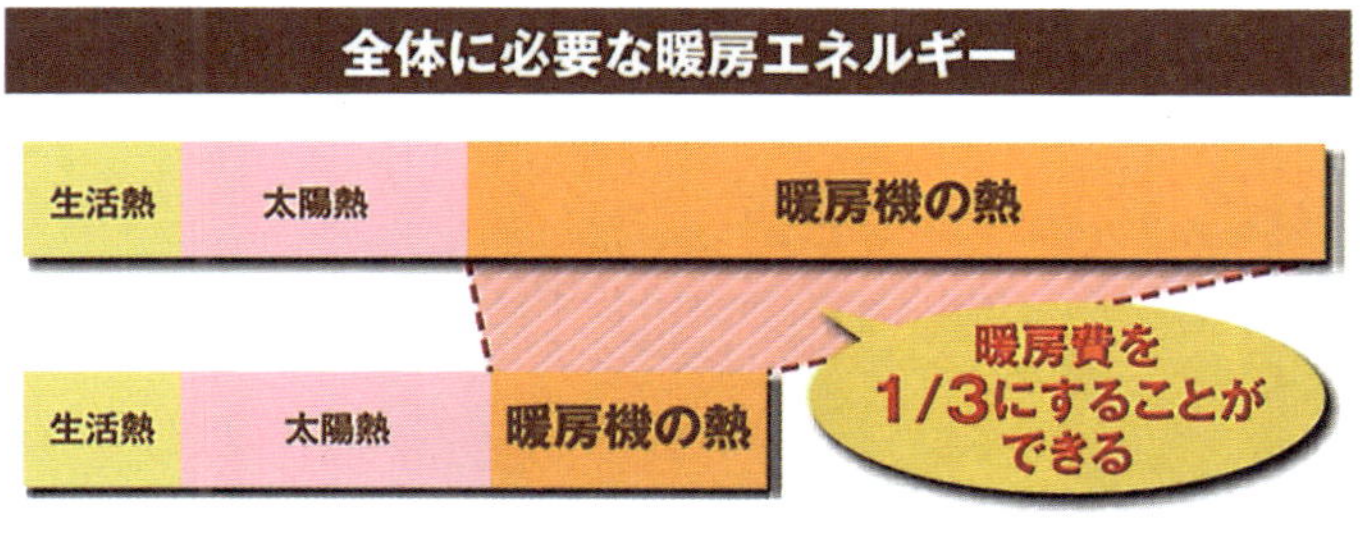

住宅の性能を上げ、太陽熱をうまく取り入れることにより、暖房機の熱をさらに抑えることができる。

ている?」ユーザーアンケートの一部である。NO.13の「決死の思いでお風呂に行く」に丸を付けるような暮らしが現実にあるのだから、暖かい家は言葉以上の喜びなのだ。

暖かい暮らし

私が木の香の家の白鳥社長と一緒に沖山邸を訪問したのは11月11日で、この日は11月初旬だというのにもう冬並みの寒さだった。みぞれ混じりの中、平泉に向かう車中、外気温は1・8℃を表示していた。玄関でチャイムを鳴らすと、見覚えのあるひげを笑顔にして沖山さんが迎えてくれた。ホンワリと暖かい空気が顔を包む。ソファーに座るなり「暖かいっていいですねえ」満面の笑みでそう言った。私も早速「暮らし心地はどうですか?」と話を向けると、「驚きです。こんなに暖かい家になるんですねぇ。埼玉では考えられません」と感心したように話す。「家の中で縮こまることもなく家の中のどこへでも行けます。どこへ行っても寒い所はないし足下が暖かいんですから」

奥さんが隣でうなずく。心の底からこの家に満足している様子がよくわかる。

上限のない心地よさ

暖かさの秘密はバランスの取れた断熱と言えるかもしれない。P.87に各部位の断

トリプルガラスの断面構造

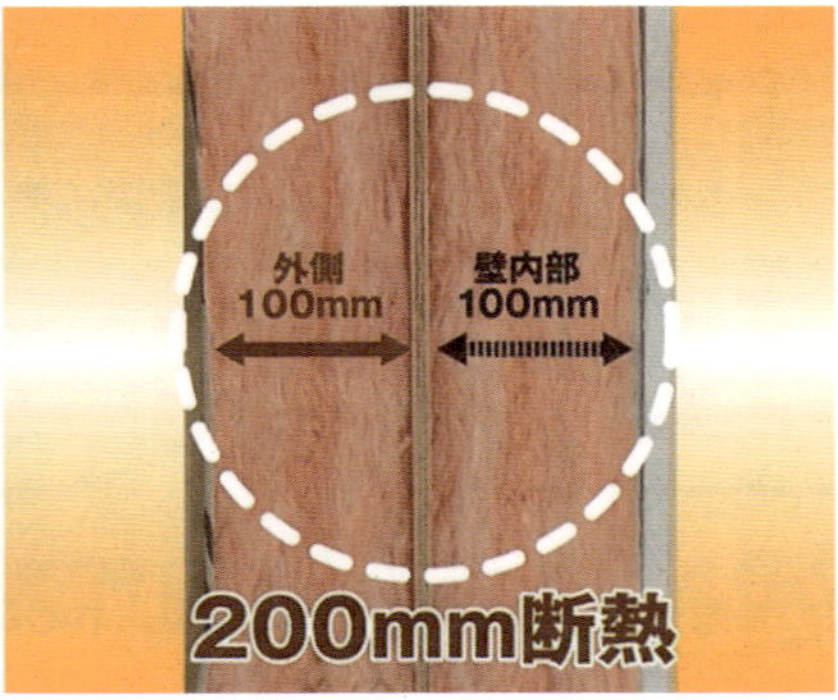

200mm断熱

熱仕様を示した。壁は高性能グラスウール195㎜、いわゆる付加断熱が施工されている（外の90㎜はワンランク性能の高いグラスウールなので実質200㎜以上に相当）。同地域の一般的な高断熱住宅のほぼ倍の厚さがある。屋根も200㎜。そして特長的なのは開口部のガラス性能を高くしたこと。ペアガラスではなくトリプルガラスが使われている。このトリプルガラスは、3枚のガラスで仕切られた2つのガラス空間のどちらにも、アルゴンガスが封入され断熱性能を高める金属膜がコーティングされている。現段階で最も高性能なガラスである。通常のペアガラスは、開口面積を広くするとそこが冷える。冷気流が起こるだけではなく、窓辺の冷え冷え感が強まる。冷輻射だ。開口部の面積は家全体で30㎡位あるので、部分的に断熱性能が低いところがあると快適性が損なわれる。沖山さんは、冬の窓辺で読書をしていても「暖かすぎるくらいで気持ちいい」と言う。

この家の断熱性能を旧基準で表現するとQ値が1・14になる。このくらいになると大きな空間が快適性を増し、床下からの弱い暖房（床下放熱式温水暖房）でも家全体にくまなく温かさが広がる。「家の中のどこへ行っても寒くない」のはそのためである。

また壁に付加断熱をするとうれしい副産物ができる。窓が出窓のような広がりをつくるのだ。窓辺を飾ることもできる（P.86写真）。

ガラスの断熱性能が上がると窓際の冷え冷え感もなくなる

床下からの暖房イメージ図

1年12か月の内5か月は暖房期間

平泉の暖房期間は年間150日を超える。およそ5か月、考えてみれば今まではそれを我慢していたのだから、一年のうち半分近く寒い生活をしていたことになる。それが今、外が寒く家は暖かい、新しい冬の暮らし方ができた。それでいて上尾で暮らしていたときの光熱費と変わらないのだから住宅の進歩は目覚ましい。

「でもそういう住宅は値段が高いんじゃない？」と心配する人もいると思う。安いとは言わないがバカ高いものでもない。大手のハウスメーカーの住宅に比べたら安いと白鳥社長は言う。筆者もそれは否定しない。木の香の家は付加断熱を自社技術の標準にしている。そういう工務店は厚い断熱でも特別高い価格にはならない。

わかりやすい家づくり

木の香の家の白鳥社長はわかりやすい家づくりに定評がある。高断熱住宅が今のように落ち着く前、世の中にはどう考えても素直に信じられない話がそこここで聞かれた。何かおかしいと思っても一般の人にはなかなか見抜けない話もある。そんな話を白鳥社長が解き明かす。たとえば、「我が社は壁の中に空気を循環させ壁内の結露を防止する」と模型で作った壁の入り口に線香のようなものを立てて煙を吸い

壁の断熱が厚くなると出窓風にスペースが広がる

込ませて見せる会社があった。それを見た白鳥社長「煙が上に登らない線香はありませんよ」と一蹴した。

早い頃、どのくらい暖かくなる家かを見せるために40坪の住宅を※ストーブ1台暖房で真冬に展示会をした。40坪と言えば80畳である。ストーブの暖房能力は木造住宅16畳用と表示されている。見学会場はドアを開けるともうホンワリと暖かい空気が来場者を覆った。ストーブ1台の他に暖房機は何もない。これが高断熱住宅ですとお客さんに説明する。線香を使って素人を煙に巻く話とどちらがわかりやすいか言うまでもない。

住宅が暮らしの礎《いしずえ》

「沖山さんにとってこういう家は何ですか」私は少し抽象的な質問をした。
「礎《いしずえ》です。この家は今、私の日々の健康と快適さを支える基盤になっています」と答えてくれた。世界遺産のような響きに感じた。

暖かい家があるから寒さをいとわずどこへでも出て行ける。寒いと感じても家に帰れば暖かい場所がある。厳しい冬の寒さを一つの季節として楽しくさえ思える。春夏秋冬、自然の移ろいを本当に美しいと感じることができる。移住してよかった。もし、これが上尾の家だったら、第二の人生がこんな充実した暮らしにはなってい

※2　ストーブ一台暖房　第8話に関連項

断熱　開口部　換気　仕様書

天井	高性能グラスウール16K		200mm
外壁	充填部	高性能グラスウール16K	105mm
	付加部	高性能グラスウール16K	90mm
床	押出法ポリスチレンフォーム　3種		70mm
開口部	樹脂サッシ＋2Ar2Low-Eトリプルガラス		
換気	熱交換換気　85%効率　0.3回		

断熱性能及び年間暖房エネルギー消費量　■建設地 江刺

Q値	熱損失係数	1.14W/㎡K
U値	外皮平均熱貫流率	0.31W/㎡K
暖房エネルギー年間消費量	電気（効率1.0）	5199kWh
	灯油（効率0.85）	594ℓ

なかった、沖山さんはそう思うのだった。

家の前を近所の人が通るときこの家を見て、花がきれい、いい盆栽だね、この家、世界遺産の街に似合うんじゃない、そんな会話が聞こえるとき、心が自然にほっこりするのだった。

「とにかく、この家に巡り会って私の人生は素晴らしく満たされています。それもすべてこの家のお陰だと思っています」

しみじみと話した沖山さんの語り口が心に響いた。「家は礎」、沖山さんのこの言葉、実にいいと思う。（2016.11）

※3　礎《いしずえ》…物事の基礎となる重要なもの　「充実した生活はこの家があってのもの」と沖山さんは話す。

暮らしの感想 2017の冬

この冬、長崎の実家に避寒で行ってきました。平泉の最低気温と長崎の最高気温の差は20度ほどありたしかに暖かく感じます。しかし、いくら九州といえども冬は暖房なしでは過ごせません。高断熱住宅の我が家は朝約4時間の暖房で22度ほどに暖まった室温はその後暖房を切っても心地よい暖かさが持続するのです。平泉に帰った早々に「我が家は九州より暖かく快適だな」と寒さからの逃避行を悔やみつつ実感として再認識しました。

施工者データ	
会社名 代表者	㈲木の香の家 ―木精空間― 白鳥 顕志
所在地	岩手県北上市本通り2丁目3-44 みゆきビル1F
電話・FAX	TEL.0197-65-7439　FAX.0197-65-7434
Mail	konoka@mokusei-kukan.com
ホームページ	http://www.mokusei-kukan.com/

第8話

これも家づくりの正解！　こだわったのは断熱性能だけ

岩手県滝沢市

岩手県滝沢市（旧滝沢村）に昨年家を建てた米倉さんは「断熱性能さえ抜群によければ後は何とでもなる」と考えて、断熱性能にこだわった家をつくった。極端に言えば「断熱性能さえよければ後はどうでもいい」くらいの感覚で建築した。滝沢市は盛岡の北部に位置し盛岡よりもっと寒い地域。

「特別寒いところだから断熱性能には特にこだわる」

限られた予算の中ではそういう家づくりもまた実に賢明な方法だと思う。今回はそういう家づくりをお伝えする。

寒い朝

岩手県滝沢市にQ1.0住宅を建てたのは今年37歳になる若い米倉さん夫妻。工務店は隣接する雫石町の㈲小林ハウス（担当　小林明宏専務）。小林ハウスにとって初めてのQ1.0住宅である。この寒い土地でQ1.0住宅が果たしてどんな暮らしをさせてくれるのか小林専務も大変興味があった。

２０１６年２月７日（日）朝、私は小林専務と米倉邸を訪問した。この朝、雫石ではマイナス11℃を記録するほど冷えたそうで、滝沢もマイナス10℃にはなっていたはずと小林専務は話す。

米倉邸は滝沢市の新興住宅地にある。西の空に朝日を浴びて真っ白に光った岩手

岩手山の麓　冬は格別寒さが厳しい

山が青空に雄々しく浮かんでいた。頂上の雲が風に千切れていかにも寒そうだった。

午前10時半、きりっと引き締まった空気を肌に感じながら玄関に立ちインターフォンを押すと、米倉さんが内側から玄関を開け迎えてくれた。途端に我々は「アラララ」で、ある。何とシャツ1枚に薄いジャージ。

「いいんですか、そんな軽装で?」と聞くと「今日は日曜で、さっき起きたばかりです。こんな格好で失礼します」

「外はまだマイナス５℃位ですよ」

「いや、中にいると分からないんで…」と笑う。小林専務が私の隣でニコニコしている。ホンワリとした柔らかな空気が部屋に漂う。かけていた眼鏡がスーっと薄く曇る。暖かい。

断熱性能に特別こだわった家づくり

「米倉さんは断熱性能にこだわったんです」と小林専務が断熱工事のことを話してくれた。それによれば、壁は高性能グラスウールを２２５㎜（通常１０５㎜）、天井は吹き込み３５０㎜（通常２００㎜）と一般的な断熱材の倍近い厚みが入っている。特に意識して性能を強化したのは開口部。ペアガラスを使った窓でも、断熱性能は壁に比べて10分の１程度に落ちてしまう。米倉邸では、北側にはガス入りのトリプ

米倉邸では壁の内側に120mm外側に105mm充填された。合計225mmの厚い断熱である

ル硝子という現段階では最高ランクの窓を使った。換気扇は熱交換型を採用して熱損失を抑えている。そうして出来た家の断熱性能はQ値（熱損失係数）が1・09、面積106㎡で総熱損失係数（Qa）115Wという高性能。

このぐらいの性能になると、外気温がマイナス10℃になっても、8畳用程度のストーブ（3kW）1台で30坪の家全体が暖房できる性能なのだ。実際には、室内で発生するテレビや冷蔵庫、照明の熱も暖房になるのでもっと少なくなる。暖房は温水パネルヒーター。米倉さん流に表現するとトロトロ運転でいいそうだ。だから米倉さんは何気なく薄着でフラッとしていられるのだ。「私は、こんな暮らしができればそれ以上望まない」いかにもそんなふうに言っているように見えた。

私は何年か前の出来事を思い出した。仙台で自然素材を重視してつくった家の説明会に招かれたとき、その家の奥さんが帰り際に私たちを見送りながらこう言った。「自然素材もいいのでしょうが私は暖かい家にして欲しかった」

つい本音が出たので、「それはそうだ」とみんなで笑った場面があった。床が強烈に冷たかった。あの冷たさは今もその感触がある。色々こだわっても、寒い家では何もかも色褪せてしまう。だから「暖かければそれだけでいい」という米倉さんの言い分は、寒い地方に住んでいる人にとって賢明な正論であろう。

「断熱性能が高い」ことの意味

断熱性能がよければ小さなストーブ1台の暖房でも部屋中暖かい

●総熱損失係数115の住宅が3kW/hのストーブ一台で暖房可能な理由

外気温－10℃室温20℃、内部取得熱が500Wの場合必要な暖房容量は次の計算式になる
(30×115)－500＝2950
3kW(3000W)以内である

今、北国ならどこの住宅展示場でも我が社は高断熱だから省エネで快適だと異口同音にPRする。

高断熱と省エネはどんな関係になるのか、ここで少しだけ難しそうな（難しくはない）話をしたい。たとえば次のような角度から考えてみたら、高断熱住宅の一面が分かるのではないか。

「盛岡３１００℃　仙台市２４００℃、これは一体何の数字でしょう？」

実は、冬の暖房に関係する数字で、もし、冬期間ずっと室温を20℃位に保つ生活をしたら一体どれくらいの暖房量が必要かという量を表している。

次頁下は冬のある場面を想定した絵で、仮に外気温５℃、室温が20℃とする。

室温を20℃に保つためには暖房が必要。必要な暖房は外気温と室温の差つまり図の場面では15℃分暖房することになる。この日の１日の平均外気温が５℃だったら15℃分を24時間暖房したことになる。次に、翌日の平均外気温が２℃だったら翌日は18℃分を24時間暖房していたことになる。２日間合計では33℃分を24時間暖房することになる。こうして必要な暖房量を一冬分加えたら一体何℃分暖房することになるのか？　それを合計したのが、盛岡３１００　仙台２４００という数字。雪の場合、累計積雪が５mとか10mになりましたと時々天気予報で言われるが、それの温度版と考えていい（暖房度日数　デグリーデーという）。

次に、性能がよかろうが悪かろうが、暖房すればどんな家でも暖かくなる。断熱

主要都市の暖房度日数（D18-18）

都市	暖房度日数	都市	暖房度日数
札幌	3587	長野	2717
盛岡	3121	名古屋	1732
仙台	2416	京都	1718
宇都宮	2134	大阪	1471
東京	1500	広島	1569

新住協　技術情報45号から

性能が悪ければ大きなストーブにすればいいし性能がよければ小さなストーブで間に合う。どちらでも室温は20℃を保てる。では20℃を保つのに大きなストーブでガンガン灯油を燃やすのと小さなストーブでトローンと暖房するのとどちらが人は快適か。小さなストーブで静かに暖房して済むならその方が快適な室内環境になるのは誰でもわかる。

つまり、断熱性能が高ければ高い方が省エネで快適に暮らせるという理屈になる。断熱性能が高いとはそういう意味がある。だから高断熱にこだわる価値がある。

家づくりでこだわったこと

「実際、家の中が暖かいと色々なものが気にならないものです」と博幸さんは言う。米倉さんが唯一希望したのが浴室、1・25坪と住宅面積に比してやや広めにした。

妻の瞳さんもウィンタースポーツをする。2人でスノーボードを楽しんで、帰宅してから、暖かい家で大きめのお風呂で足を伸ばし、疲れを取って、風呂上がりは開け放った部屋で伸び伸び、冷たいビールを一気に飲み干す。「それ以上、何が必要?」というくらいリラックスした休日を過ごしているのではないか。広い浴室だけ要望したというのが面白い。暖かい浴室だからできることでもある。

瞳さんにとってのQ1.0住宅

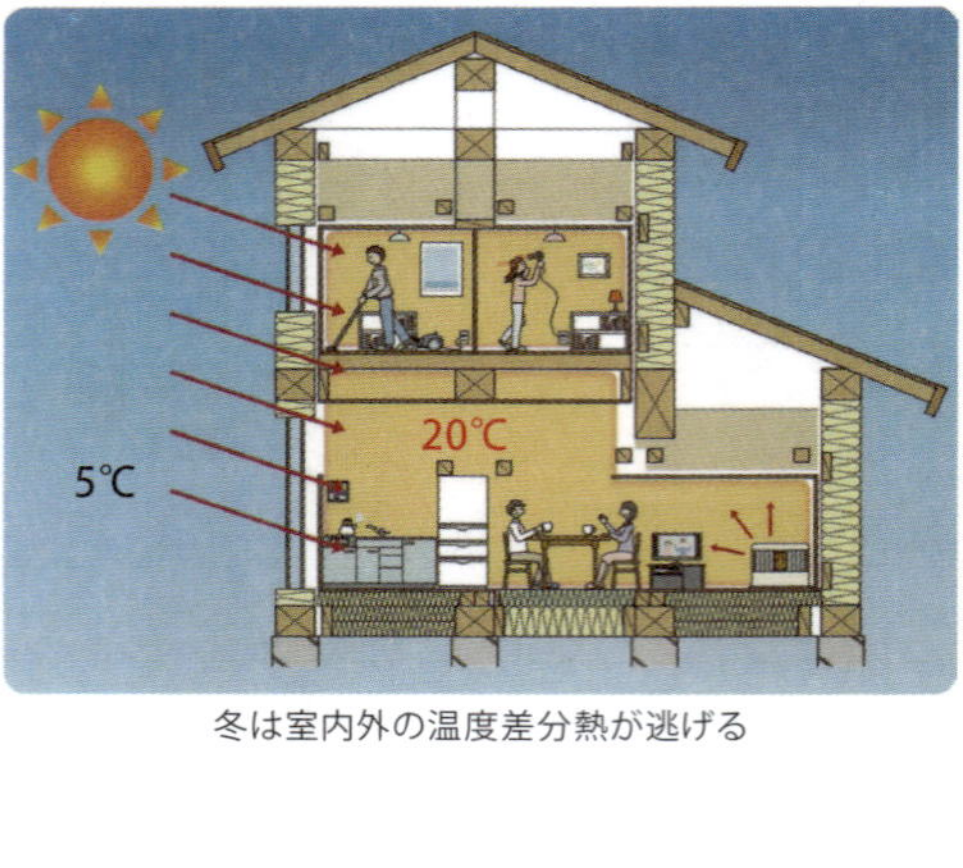

冬は室内外の温度差分熱が逃げる

※2　逃げる熱が少なく（断熱性能が高い）、日射熱など（内部取得熱）が多ければ、ストーブからの熱は少なくてすむ。これが省エネ住宅の理論

妻の瞳さんにどうですか実際に暮らしてみて？　と聞くと、ダイニングキッチンが一部屋になっているところが一番のお気に入りという。

「台所に立っていても部屋の中が全部見渡せるし、それに、後で気がついたんですが、周りに戸がなくとも寒くならないから、こうしていられるんですよね。寒かったら仕切りますものね」

「パソコンデスクも作って貰ったのですが、暖かいからここに座っていられるのよね。暖かいってことは何から何まで便利なんだなぁと思います」

「家で一番暖かいのは2階の子供部屋。陽が当たる日はずっと暖かいままです」

これこそが「家の中が暖かいと色々なものが気にならないものです」であろう。

「それに、12月も1月も光熱費は１５０００円しかかかっていないんです。家にいる時間がやや少ないとは言え、これはちょっと少なすぎですよね」と瞳さんが不思議がる。

展示場にて

博幸さん達は2年前に結婚。出来るだけ早めに家をつくろうと妻の瞳さんと話した後、やはり最初は住宅展示場を回った。さすが北国盛岡だけあって各社とも高断熱高気密住宅だという。博幸さんは設備を本職とするだけに断熱性能に関してある

断熱　開口部　換気　仕様書

天井	吹き込みグラスウール16K		350mm
外壁	充填部	高性能グラスウール16K	120mm
	付加部	高性能グラスウール16K	105mm
床	ビーズ法ポリスチレンフォーム		100mm
開口部	樹脂サッシ＋トリプルガラス　一部ArLow-E		
換気	熱交換換気　85%効率　0.5回		

断熱性能及び年間暖房エネルギー消費量　■建設地 雫石

Q値	熱損失係数	1.09W/㎡K
U値	外皮平均熱貫流率	0.38W/㎡K
暖房エネルギー年間消費量	電気（効率1.0）	3832kWh
	灯油（効率0.85）	438ℓ

程度の知識はあった。だから「どの住宅会社も口ではみんな高断熱住宅といいますが性能にはバラッキがあって、すごくいいですよという会社でもQ値はせいぜい1・6位で、北海道基準でした」

「ただ、何社かは費用とかローンとかの説明が明瞭でそういう良さは光りました」

「断熱性能でいえばI工務店だけは、Q1.0住宅と同程度の性能を持ってきました。ただ、これがバカ高くて坪あたり100万円相当っていうんです。私も全くの素人じゃありませんから、高いのか安いのか、それがどのレベルかは推測できます」

結局、小林ハウスに決定したのだが、実は、小林ハウスには高校時代の友人が大工（袖林雄作氏）として仕事をしていたので、気持ちの中では、有力な候補として思っていたのだった。別な会社が「我が社にさせてくれたら、残った材料で物置を只で作ってやる」という話があったそうだ。それを聞いた袖林氏は「俺だったら材料を余らせない」と言ったそうだ（笑）。（2016.2）

暮らしの感想 2017の冬

今年の1、2月とも、電気料金が昨年より2000円安くなった。かけ布団が要らない家（タオルケットでいい）、それでも夜間は控えめ運転している。実家に帰ったら寒くていられなかった。あらためてこの家の違いがわかった。（奥様談）

施工者データ	
会社名 代表者	(有)小林ハウス　小林 常男
所在地	岩手県岩手郡雫石町丸谷地30-79
電話・FAX	TEL.019-692-5188　FAX.019-692-5326
Mail	K-hausu@gray.plala.or.jp
ホームページ	http://www9.plala.or.jp/K-hausu/

第9話

Q1.0住宅は建ててからが面白い

山形県寒河江市

山形県中央部の山沿いに寒河江という難読地名の市がある。「さがえ」と読む。西に朝日連峰が連なり、山から流れてくる寒河江川が郊外を貫き冬はひどく寒くなる。1月～2月の朝は連日氷点下が続く。マイナス5～6℃は普通でマイナス10℃を下回る日も少なくない。冬の寒さは岩手県の盛岡や青森県十和田市などと同じと聞けばおおよそ想像もつくだろうか。

暖房燃費を計算した建築計画

その寒河江市の郊外に住む大泉さん夫妻は、2011年秋、約70坪（236㎡）という大きな家を建てた。家の断熱性能（Q値）は北海道基準をも大きく超える1・03という高性能。建築したのは地元の㈱山匠エコシステムズという若手工務店（社長　佐竹和徳）。

大泉さんと工務店は綿密な打ち合わせをしながらある計画を立てて建築を進めた。70坪という大きな家だが全室を暖かくして暮らし、それでも年間の暖房費が7～8万円で済む家。ある計画というのは、あらかじめそういう「暖房燃費」計算をして計算通りの暮らしをしてみたいというものだった。

これには伏線があった。大泉さんは新住協事務局長の仙台の家（末尾＊1）を訪ねて、その家が計算通りに暮らせていることを知って、山形でもそれが出来るかどうか大

山形県は一戸あたりの住宅面積が大きい。大泉邸は70坪ある

いに興味を持ったのだった。

ＱＰＥＸという計算プログラム

年間の暖房費はＱＰＥＸという計算プログラムで算出する。暖房の燃費は建設する地域の気象条件（寒さの量と日射量）と住宅の断熱性能（単位あたりの損失熱）と暮らし方（室内の暖房温度設定）等から、取得熱と損失熱を計算して年間の必要暖房エネルギーを算出する。それを電気や灯油に換算して金額を出すことも出来る。理系の大泉さんはそのあたりの理屈を簡単に理解してしまったのでさらに興味がわいたのだった。計算結果は年間６８1リットルという数字が出た（下表）。

灯油が1リットルあたり１００円として約６８０００円、多少オーバーしても7～8万円だ。それまでの家は寒い寒いと我慢をして、家全体どころか一部の部屋だけ暖房して10万円をはるかに超える灯油代を支払っていたのだから、これは驚きの数字だ。もしそれが実現できたらと、思うだけで心がわくわくしたと大泉さんは当時を振り返る。

結果はどうか

２０１６年は4回目の冬を迎える。はたして結果はどうかというと、計算よりは

計算結果　　左沢　（建設地）

部位	断熱仕様	部位面積 A[㎡]	熱貫流率 U[W/㎡K]	係数 H[-]	熱損失 A･U･H[W/K]	熱損失係数 Q[W/㎡K]
屋根	HGW16K　200&50mm	129.89	0.162	1.0	21.023	0.089
外壁	HGW16K　105&105mm	212.18	0.202	1.0	42.937	0.182
階間部	HGW16K　105&105mm	15.54	0.214	1.0	3.324	0.014
基礎	GWB32K 100mm + 押出法PSF3種 50mm	-	-	1.0	34.528	0.146
開口部	-	43.10	-	1.0	95.725	0.406
換気	換気回数 0.5回（70% 熱交換換気）	570.00	-	1.0	45.598	0.193
相当延べ床面積	-	235.99	-	1.0	-	-
住宅全体					243.14	1.030

	住宅全体	1㎡当たり
熱損失係数[W/K]	243.14	1.03
夏期日射取得係数[-]	0.042	－

※熱損失係数はⅡ地域次世代基準 K<=1.9[W/㎡K]以下を満たしています。
※夏期日射取得係数はⅡ地域次世代基準 μ=0.08以下を満たしています。

	住宅全体	1㎡当たり
年間暖房負荷[kWh]	5,953	25.2
年間暖房用灯油消費量[ﾘｯﾄﾙ]（灯油消費量）	681	2.9
年間暖房用電気消費量[kWh]　(COP=1.0の場合)	5,953	2.9
CO_2発生量 [kg]	1,793	7.6

表1　QPEXによる大泉邸の年間暖房エネルギー計算表
該当建設地　左沢（あてらざわ　これも難読地名）

※1　灯油による暖房　灯油の実勢価格は75～80円／リットルで推移しているので他のエネルギーに比較して割安感がある

少し多めになっているもののほとんどその通りに暮らしている。表2をご覧戴きたい。これがこの2年間の大泉邸が使用した暖房用灯油である。どうしてこういうことがわかるかというと、大泉さんが記録しているのだ。驚くのはこれだけではない。暖房開始以来この4年間、実は一日ごとの使用量を毎日記録している。

読者の中にはなぜそんなことをと思う人がいると思うが、大泉さん夫妻は断熱住宅の暮らしを楽しんでいるのだ。その一つとして、1日の灯油の使用量がわかる油量計を設置している。暖房用にその日使った灯油がどれだけか、ｃｃ単位で油量計に表示される。大泉さんは毎朝6時30分にその数値を拾う。前日との差がその日の使用量になる。それを毎日記録する。一方で、天候がどうだったか、外気温、日照時間をアメダスから拾う。それを繰り返ししていくと面白いことがわかる。灯油の消費量は日によって大小がある。たとえば厳寒期の1～2月を２０１５年で見ると、一日の最大使用量は8・6リットル、最小は3・7リットル、室内の設定温度は同じで2倍の差がある。どうしてそうなるかを調べると、外気温が低かったり、同じ外気温でも日射があったり無かったりで日によって相当違うこともよくわかる。大泉さんの興味はここから更に広がった。では、どんな暮らし方をしたらもっと省エネになるのか、そういう工夫が始まるのだった。

表2　大泉邸暖房用灯油消費量　山形県寒河江市

冬季年	月	日平均気温	日照時間計	月灯油使用量計	日最大使用量	日最小使用量	日平均使用量
2014年冬季	2013年11月	5.4	91.0	72.2	5.0	2.3	3.6
	2013年12月	0.8	42.7	163.5	7.2	3.6	5.3
	2014年1月	-2.0	72.8	192.3	8.1	5.0	6.2
	2014年2月	-1.9	82.8	151.4	7.4	3.8	5.4
	2014年3月	1.7	110.9	137.2	6.5	2.1	4.6
	2014年4月	8.2	263.2	41.0	4.0	1.9	3.2
	合計		663.4	757.49			
2015年冬季	2014年11月	6.1	89.5	66.0	6.6	2.8	3.7
	2014年12月	-1.1	36.9	199.5	8.5	2.4	6.4
	2015年1月	-1.5	58.6	194.5	8.6	4.8	6.3
	2015年2月	-0.5	82.1	159.1	7.1	3.7	5.7
	2015年3月	2.6	143.5	135.7	7.4	2.6	4.5
	2015年4月	9.4	187.8	47.5	4.7	1.5	3.2
	合計		598.4	802.29			

半信半疑

暖かさに満足しながら夫婦でこういう暮らし方を楽しんでいる大泉さんを、私達(佐竹社長)は今年2月中旬大泉邸を訪問した。

「今だから言うが」と前置きをして、「当初は半信半疑だった」と大泉さんが佐竹社長の顔を見て笑う。第一に、手に触れても大して熱くもない温水パネルを床下に設置したくらいで、本当にこの広い家全体が暖まるのか。それに、暖房は24時間付けっ放しで本当に700リットル程度で済むのか、家族みんなが半信半疑だったと話す。特におばあさんはその思いが強く「暖かくならなかったら承知しないからね」と冗談交じり佐竹さんに話すくらいだったという。

確信

入居したのは2011年の暮れも押し迫った12月24日。大泉さんはその日のことを今も鮮明に覚えている。その日は最低気温がマイナス9℃、最高気温も日中でマイナス3℃しか上がらないすごく寒い日だった。冬の陽も落ちて一層冷え込んだ夕、仕事から帰って玄関ドアを開けたその瞬間、かつて経験したことのないホワァ～とした暖かい空気が冷えた顔を包み込んだ。「あ～ッ、ホントなんだ」そのとき半信半

大泉邸の暖房日数(寒河江市)

	暖房開始日	終了日	暖房日数
2013冬	2012/11/4	2013/4/17	165
2014冬	2013/11/17	2014/4/14	148
2015冬	2014/11/13	2015/4/16	154

理科年表には、日平均外気温が10℃を下回ると暖房開始日と記載してある。大泉さんによればこの地域では10月中旬から5月の連休くらいまで暖房する年があるという

疑が一遍に解けたという。家の中のどこへ行っても寒くない。素足で歩いても床が冷たくない。厚着をしなくてもいられる。二階へ行っても暖かい。家族のみんなが顔を見合わせてはニコニコして「不思議だねぇ」と言い合ったという。大泉さんはいう「翌朝、布団から手を出しても寒くなかったんですよ。よかったなぁという思いでした」

住宅建設のきっかけ

大泉さん家族は当時6人家族。家を建て替えるきっかけは祖父の病気、家で介護するためにも新しくしようということになった。冬はとんでもなく寒くなる家だったので暖かい家にしようということだけは決めて住宅展示場を何軒も回り、断熱の話を聞いて歩いた。しかし大泉さん自身、多少の勉強はしていたせいもあって、住宅展示場ではこれだと思うような、納得できる話は聞けなかった。何となく核心部分ははぐらかされた気持ちになるのだった。

佐竹社長とは、2010年の秋、山形市内のビッグウィングで行われていた住宅フェアで出会った。フェアの会場で新住協山形の会員がQPEXを使いながら省エネ快適住宅のPRをしていたところに大泉夫妻が立ち寄ったのだ。佐竹社長が暖房エネルギーや断熱材、サッシの選び方などを説明してくれた。技術的な根拠となる

話が大泉さんの関心をひいたのは言うまでもない。こうして、家づくりのスタートが切られた。

Q1.0住宅は住んでからが面白い

大泉さんは「Q1.0住宅は建ててからが面白い、興味が湧く」と言っている。現に毎年毎年色々なことを試している。一年目は温度と暖房エネルギーの使用量を調べた。当然のことだが、寒い日は灯油をたくさん使い、日が照れば寒くとも暖房は少なくて済む。暮らしも変わった。洗濯物はよく乾く。お風呂も脱衣室も暖かい。日帰り温泉にゆくことも無くなった。電気毛布もいらなくなった。朝はすんなり起きられる。外出して帰宅する度「あっ暖かい」と毎回口にしてしまううれしさ。そんなことを珍しいようなものを眺めるような気持ちで一年目の冬を過ごした。

二年目の冬は色々いじりたくなった。温度設定を変えたらどうなる？　おばあさんの部屋は少し高めにして他は少し低くしたらどうなる？　湿度は44％ぐらいだからちょうどいい。温度を上げると乾燥気味になることもわかった。夏の暮らし方もだいぶわかった。朝の涼しさを閉じ込めたり、断熱ブラインドが保冷に利くこともわかった。朝日は意外と強いので東の窓はよしずを立てた。夏は換気扇を止めたほうがいいように思った。エアコンをつけないで暮らせることもわかった。

断熱　開口部　換気　仕様書

天井	高性能グラスウール16K		250mm
外壁	充填部	高性能グラスウール16K	105mm
	付加部	高性能グラスウール16K	105mm
床	グラスウールボード32K		100mm
開口部	樹脂サッシ＋ArLow-E		
換気	熱交換換気　70%効率　0.3回		

断熱性能及び年間暖房エネルギー消費量　■建設地 左沢

Q値	熱損失係数	1.03W/㎡K
U値	外皮平均熱貫流率	
暖房エネルギー年間消費量	電気（効率1.0）	5953kWh
	灯油（効率0.85）	681ℓ

そして三年目。今度は快適をそのまま維持し、さらに省エネ化出来ないかを意識した。ロフトの窓をふさいでみたり、玄関ドアのガラス部分に空気シートを貼ってみた。換気も弱運転で換気回数を減らしてみた。ブラインドの開け閉めを意識して日射熱を取り入れてみた。お日さまが今までよりずっと有り難く感じる。

そんなこんなで、大泉さんの家族はまるで冬の寒さを楽しんでいるかのようだ。奥さんは勤務先の職場で同僚と交わす今朝はいつになく冷えましたねという挨拶に、何年か前までは本当に大変だったと心の内でつぶやくのだった。

＊1　事務局長の家…拙宅のこと。ＱＰＥＸでは年間２１４リットルと算出されていて、入居以来８年ほとんど２００前後で推移している。震災時の停電で暖房ができないときも室温15～16℃が保たれ暖房なしで暮らせたことも報告された。

暮らしの感想 2017の冬

今年で5回目の冬を迎える我が家、玄関を開けた瞬間、何ともいえない〝ぬくもり〟寒ければ寒いほどうれしくなります。なぜなら我が家は小春日和。約70坪の家、24時間ほとんど温度差がない空間、それが吉野家の牛丼並盛り程度の料金で実現。お財布と地球にやさしい住宅にあらためて感謝！感謝！。今年の冬、息子と娘の友達が我が家に泊まりに来ました。「寒くない」の一言。その瞬間「我が家ならではの〝おもてなし〟Q1.0住宅有り難う。（大泉）

施工者データ	
会社名 代表者	㈱山匠エコシステム　佐竹 和徳
所在地	山形県寒河江市元町3丁目18-15
電話・FAX	TEL.050-3738-7655　　FAX.050-3737-2382
Mail	info@yamasyou.biz
ホームページ	http://yamasyou.biz/

第10話

後世に残す二つの住宅遺産
ある高齢教育者の偉業

石川県金沢市

偉大なこと

金沢市に住む角家暁さん夫妻は今年82歳になる。二人とも医者である。暁氏は医大の名誉教授、奥様は開業の内科医。お二人とも一昨年現役を退いた。そのお二人が80歳になろうとするとき自宅を建築した。私はその計画にはじめから関与させてもらう機会を頂いた。

建築過程の折々で角家氏が話される言葉にたびたび感銘を受けることがあった。たとえば「介護施設に入るにも膨大なお金がかかる。私はその資金を自宅建設に投入する。自宅で人生を全うできる住まいにしたい。そしてその家が後世に住み継がれたら本望だ。介護施設に入れれば後世に残るものがない」

それができたらこんな素晴らしいことはないと思うが氏は80歳という年齢でそれをスタートさせ、遂げてしまった。

それから、施工者に経験浅い若者を選んだことでは「名医必ずしも自ら執刀せず」と話してくれた。

「鎌田教授の住宅論は素晴らしい。鎌田理論に一途な施工業者であれば、工務店の規模や実績は不問、まじめで熱心であればいい」というのがその理由。そして教育者らしくこう結んだ。

「この建築を踏み台として世に出ればいい」

「後世に住み継がれたら本望」と80歳で家づくり。Q1.0住宅を選んだ角家夫妻

その若者は角家氏の期待通りに、今、金沢で確実に胎動している。一人の若者が自信を持って世に羽ばたいた。まさに、教育者を全うしていると頭が下がる。

設計から完成まで2年要して2014年初夏に住まいは完成した。新住協の超高断熱住宅・Q1.0住宅である。

角家氏は後世に残る家をつくり、後世に必要な若者を育てた。私は角家氏が残す2つの住宅遺産だと思っている。

そんな家づくりを読者の皆さんに伝えたい。

以下は角家氏から寄せられた建築手記に基づいた家づくり物語である。

■これまでの家

「これまで居住していた住宅は、昭和52年（1977年）に新築した3階建てのコンクリート住宅である。スタイロフォームによる内断熱、天井裏にグラスウールを敷き詰め、すべての窓をペア硝子にするなど、断熱工法を採用し、金沢では初めての温水床暖房を設置した。当時としては高度の断熱住宅だったと思うが、冬にはカーテンで仕切っても窓からは冷気が入り寒く、暖房費（灯油消費量）も高額で、屋内よりも外界を温めているのではと感じながら37年間居住してきた。この経験を元に、新住協から送られてきた資料を読むと、鎌田紀彦教授の住宅理念は極めて分かりや

「任せるといわれたときの感激を忘れない。生涯、誠心誠意をもって頑張ろうと思った」と話す西川君

すく理にかなっており、今回造る高齢者専用住宅はこの構想に沿って作れば良いのではとないかと考えた」

私（事務局）が角家さんに送ったのは2013年に発行された鎌田紀彦著「エコ住宅Q1.0」（札促社）という本で、住宅の省エネ化を考える理論とその手法について詳細な手順が述べられている。角家さんは、それまでの家の不具合を知っていたから、本に書かれた内容がいかに論理的かを瞬時に理解した。省エネで暖かい家が高齢者にいかに優しいか、医師である角家さんが知っていることは言うまでもない。

■Q1.0住宅の検分

「金沢とほぼ同じ気象条件にある新潟県妙高市の「家'Sハセガワ㈱」を尋ね、新住協仕様のモデルハウスを見学、同社保坂浩之様の丁寧な説明を聞いて、Q1.0住宅の建築を決断した」

私は本を読んだ角家さんからすぐ電話をもらった。東京でも仙台でもどこへでも行けるから本に書かれているような住宅を見たいという。もうすぐ80になろうかという方にとてもそんなことはできない、心配だと話したら、そんなことはないと一笑に付されたので、妙高市にある「家'Sハセガワ」の展示場を紹介した。その住宅

角家さんが最初に見学した上越市にある家'Sハセガワのモデルハウス

は当時室蘭工業大学の鎌田研究室が基本設計し、秋田県能代市の㈲西方設計が実施設計した壁３００㎜厚のＱ1.0住宅だった。雪が多いという点だけは異なるが冬期の日射量とか冬の気候は両市とも同じ日本海側で似ていた。角家さんはここで、本に書かれていることを確かめるように相当細かく保坂氏に聞いている。そしてＱ1.0住宅にすることを決定したという。

■施工をどうするか・業者の選定

「問題は設計、施工業者の選定である。保坂さんから金沢の工事は引き受けられないと返事されたので、事務局に相談したところ「西川建築工房」の西川智隆さんを勧められた。未だ実績は無いが、研究熱心な若者であるとのただし書きである。西川建築工房へ赴き、お父上で社長の西川和夫様にもお会いして私どもの要望を伝えたところ、設計も含めてしっかり作りますと返事されたので、工事を依頼した」

「問題は施工業者の選定である」と角家さんも言っているように、その頃、金沢市内では誰もＱ1.0住宅の実績はなかった。そこで、全く異例のことだが私はある思惑を持って西川建築工房の西川智隆君に会ってもらった。

それ以前、新潟支部の研修会で家'Sハセガワのモデルハウス見学会を開催したとき、西川君は父を伴って会場にきていた。彼は、Ｑ1.0住宅はおろか高断熱住宅の新築そ

壁の断熱　内外で300mmという厚さ

のものが未経験であった。それは知っていたが、こういう場合、謙虚な気持ちで自分の手で施工する姿勢があれば間違いはむしろないと私は信じていた。角家さんも同じような気持ちを持ってくれたことは西川君にとって幸運だった。最初にする仕事は誰でも初めてなのである（私の内心には、彼がこういう仕事をすることによって、実績が自信となり、彼の将来のためになるという思いもあった）。

角家さんは西川建築工房に面談、彼に任せるといってくれた。私は何が決定の要因ですか聞いてみた。角家さんは次のように答えてくれた。

■決断の要因

1：私どもの要望、質問に無駄のない話し方で答えられ、新住協の理念を理解されているとの印象をえたこと。

2：親子三代の大工さんで、父上もしっかり息子さんをサポートすると言われ、これまで手作りの家を作ってこられた真摯な人柄を感じたこと。

3：住宅は完成した時点からメンテナンスが必要になる。この点から世代を継いで技術を継承されている、将来性のある若い大工さんに建ててもらうのが望ましいと考えた。

私はこの３つの答えを聞いて全くその通りだと思った。そして、施主である角家

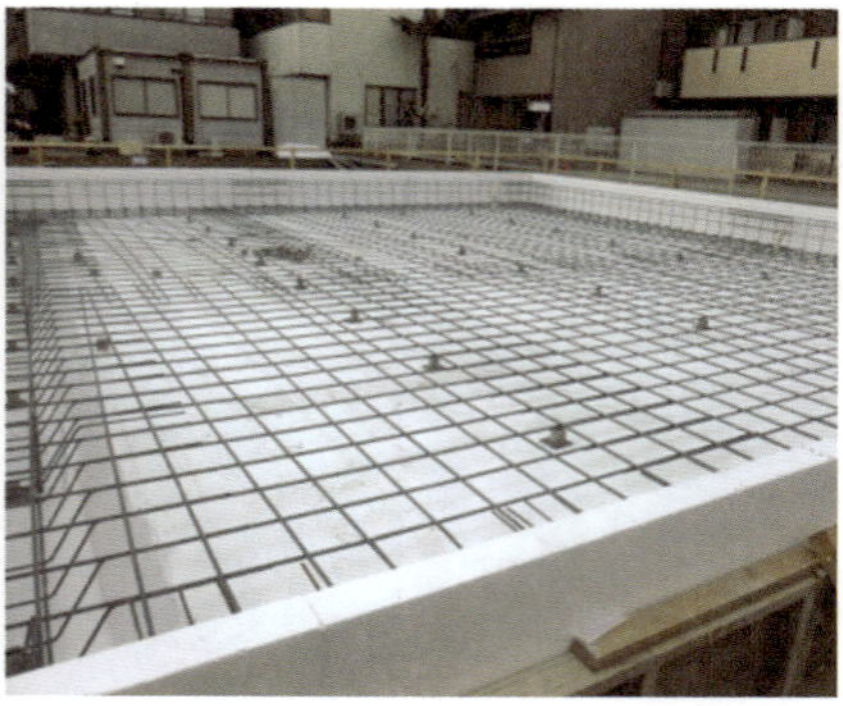

基礎断熱の施工

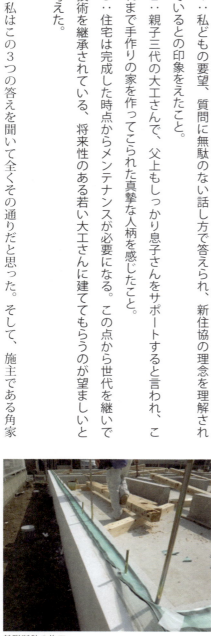

さんがそれを理解しているこの工事は上手く完了するだろうと予感した。「新住協の理念」とは「エコ住宅Q1.0」と「技術マニュアル」に書かれている内容であり、西川君はそれを理解し信じていた。それを「真摯に実行する」気持ちがあれば、あとは設計図書に従って施工することでQ1.0住宅は完成する。

角家さんは彼に次の世代を担う若者の姿を見てくれた。その点を次のように記してくれた。

■「名医必ずしも自ら執刀せず」

「新住協の技術指導を期待して、若い研究熱心な次世代の大工さんを信じて大きな老後資金を賭けた。実績のある大手の建築業者に依頼する方策もあった。しかし鎌田教授が提唱されている住宅が出来上がるとは限らない。様々な理由で妥協を強いられる可能性が高いであろう。これまでの経験から、確固とした目標を持つ若者の方がいわゆるベテランより良い仕事をすることを知っていた。数社から見積もりを取って妥当な建築価格の業者に決める方法は考えなかった」

なんという言葉であろうか。家づくりに向かう施主の言葉で、これほど研ぎ澄まされた潔い表現を未だ知らない。雑念も疑念も懸念も、一刀のもとに袈裟懸けで両断されたような見事さだと思う。これより以前私は「もし、角家さんが彼を選択し

天井と壁の防湿気密施工

てくれたら、彼はこの仕事をきっかけに世に出るでしょう。一人の若者を世に出すと思って彼を見て戴けませんか」とそういう意味のことを言った。そのとき角家さんはこう話してくれた。

「医療の世界でも、名医と言われる医師が自ら執刀するかといえば必ずしもそうではありません。しっかりした研究とそれに確立された理論があれば、手術することとは別です。住宅もそう考えます。鎌田理論に基づいて真摯に施工する姿勢があれば大丈夫です」

私はこのとき、「名医必ずしも自ら執刀せず」という言葉を得た。

当の本人はそのときのことをこう話している。

「まだ経験がないという事を正直にお話させて戴いたにもかかわらず、私に家づくりを任せると言って下さいました。すごい感激です。自分の進む家づくりの考え方を、私に賭けてくれたのだと思いました。後ろにいる父の存在も大きかったと思います。私は、一生懸命、誠実に取り組む。そのとき、強く思いました」（西川）

はたして、西川建築工房は角家さんの期待にこたえる仕事をした。角家さんは西川建築工房の工事に取り組む姿勢を「総括して、未知の領域に持ち前の研究熱心で

※1　西川建築工房が初めて高断熱住宅の暖かさを体験したモデルハウス。新住協新潟支部主催の体験研修会

対応されているとの印象を得た」と評価している。

そして、竣工後角家さんはこんな感想を述べている。

「住宅は地鎮祭から約1年を費やして本年5月に完成し、その後細かい手直しをしながら10月下旬まで約5か月間住んできたが、西川建築工房に建築を依頼した決断は間違いなかったと思っている」


その頃のことを西川君がこう言う。


「現場に頻繁に様子を見に来てくれていた角家さん、工事が遅れていた時に、私どもの仕事を見て、「細かい所まで丁寧にやってくれている。最初は工期がいつまでだとか気にしてはいたが、そんなことはどうでもよくなった、あなたが納得いくように施工してもらえばいい」と言ってもらえた時は、とてもありがたい気持ちでした。壁300㎜という断熱は勿論ですが、やはり思っていた以上に困難がありました。皆さんに感謝しています」

「今回、実測値でQ値：0・86、C値：0・4、計算上の年間暖房エネルギー消費量：767（kWh）で、次世代基準の10分の1以下の高断熱高気密住宅が出来上がった。

完成後の室内

ただ老人二人のみが生活できる間取りで、子供など親族が来ても寝るスペースがない、極めて無愛想な家になっている。地下室はないが、水道、電気、排水などの配管は床下空間で維持、管理できる構造で、2階部分は中2階の蔵から点検できるようになっている。基本構造にこだわり、エレベータも設置、キッチンを重視、趣味の天井高のオーディオ・ルームを作ったので、建築費は想定以上となった。80歳と高齢で、後の人生も想定外なので、老後の生活資金を投入した。自宅で人生を全うできるように願って、介護施設に入る資金を自宅に使った」

そして完成した家をこう評する。

1）障害を持つ後期高齢者が自力で生活でき、寝たきり状態になっても在宅介護で住める家が完成している。

2）断熱、気密効果が極めて高く、外界の気象変化を体感しない快適な室内環境が維持されている。雨、風にもほとんど気がつかない頑強な家である。

3）一階の納戸（オーディオ・ルーム）を天井高4・0mにした結果生まれた中二階の蔵収納スペースが画期的な構造である。この収納スペースがあるため居室、廊下に物品を置かずに住み、居住空間を目的通りに広く使うことができる。結果として掃除も極めて容易で、埃がたまりにくい清潔な住居になった。

角家さんは音楽家の世界にも交流が深い

角家さんの手記は、私たち新住協と西川君に対して次のような期待を込めた言葉で終えている。

■新住協へ

「札幌在住の知人の紹介により「新住協」に出会えて、念願の高齢者木造住宅を作ることが出来たことは極めて幸運であったと思う。「新住協」は理論と実際が一致している卓越した研究団体であると確信した。零下20℃の冬に訪れたスウェーデンの高断熱住宅より優れているのではなかろうか。一方私の見たシカゴ、カリフォルニアの住宅は断熱、気密性はほとんど考慮されていない。新住協の住宅理論を日本に止まらず、アメリカなど海外にも広めて行けば多くの人に喜ばれるのではないかと思う」

■西川建築工房に期待すること

「今後、大手メーカーによる規格品住宅には満足できず、質の高いこだわりの注文住宅を求める顧客は、リフォームを含めて少なからずあるのではなかろうか。これに応え得る高度技能を持つプロの工務店として成長して欲しい。私どもの小さな家がその始発点になることを願っている」

新住協Q1.0住宅新築記　2015.11　角家　暁

断熱　開口部　換気　仕様書

天井	高性能グラスウール40K		360mm
外壁	充填部	高性能グラスウール16K	120mm
	付加部	高性能グラスウール16K	90＋90mm
床	押出法ポリスチレンフォーム　3種		150mm
開口部	樹脂サッシ＋真空トリプルガラス　2Ar2Low-E		
換気	熱交換換気　90%効率　0.5回		

断熱性能及び年間暖房エネルギー消費量　■建設地 金沢

Q値	熱損失係数	0.85W/㎡K
U値	外皮平均熱貫流率	
暖房エネルギー年間消費量	電気（効率1.0）	1039kWh
	灯油（効率0.85）	

冒頭を重ねることになるが、角家氏は後世に残る家をつくり、後世に必要な若者を育てた。私は角家さんが後世に残す2つの住宅遺産だと思っている。

この物語を書いているとき西川君からこんなメールがあった。

「今日は角家さん外出のようです。リビングにセットしてある温度と騒音の測定器はスマホで外部から知ることができます。温度だけではなく騒音が入るのです。今日は音がありません。室温は22℃でした。暖かく暮らしています」

いつでも角家邸につながっていると彼はいう。それを聞いて、角家さんへの感謝の気持ちを忘れず精進しますと彼が話していたことを思い出した。（2016.1.15）

暮らしの感想 2017の冬

三年目の金沢の冬を終えましたが、耐寒、耐震、防音に関して全く問題は無く、極めて快適な生活を送ることが出来ました。オール電化で電気料金は月平均2万円で、これは夏、冬を通して変わりません。強いて欠点を上げるとすれば、二階南側リビングルームの窓が大きく、ここからの太陽光の輻射熱の調節が難しいことです。ただしこれは設計上の問題でしょう。（角家　暁）

施工者データ	
会社名 代表者	㈱西川建築工房　西川 智隆
所在地	石川県金沢市泉本町1-69
電話・FAX	TEL.076-245-0071　FAX.076-242-0071
Mail	tomo@nishikawa-kk.com
ホームページ	http://www.nishikawa-kk.com

第11話

人生最期の贈り物
「妻に暖かい家を遺したい」

青森県八戸市

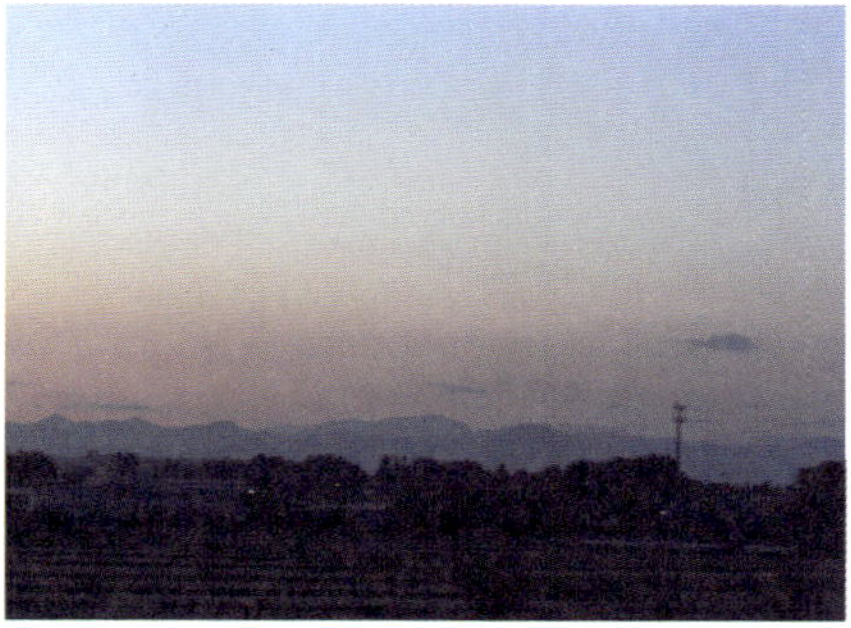

追悼

「5年前肺がんを宣告され
今年一年生きられるかどうかわからないのです」
初めて会ったとき そう話したKさん
「私が死んだ後、せめて妻には温かく暮らして欲しいから、
いい家を遺してやりたいと決めました。協力してくれませんか」
真剣なまなざしでそう言ったKさん

新しい家を見ることなく逝ってしまったKさん
その言葉通りの家ができましたよ
その言葉通りの陽だまりができましたよ

苦しいの一言も言わず死んでいったKさん
「いい家をつくってくれて感謝してます」
周りの人みんなにそう言葉をのこして去っていったKさん

みんなあなたのことを尊敬しています
あなたの笑顔、あなたの姿がこの陽だまりの中に見えますよ
この場所にロッキングチェアを置きましょうか、
そしてここをKさんの陽だまりと呼びましょう。

「風邪も引けない体だから外にも出られず…
家の中から外を見るのが楽しみなんです」
幼子(おさなご)をなだめるようにそう話した奥さん。

「窓からでも季節は見える」
「外を見てると好きだった山登りを思い出す」というKさん

いい窓をつくってくれましたよ、Kさん
額のような窓ができましたよ、Kさん。
公園の桜がまるで一枚の絵のようですよ
来年の桜は見事ですよ、きっと。
家の中で観桜ができますね、Kさん

「紅葉は見られるかも知れないが桜は無理ですよ」
そういって微笑んだKさん
色づいた葉も見られませんでしたね

さようならKさん
この窓から見える桜が咲くたび、色づくたび
私たちはKさんを想い出すでしょう

さようならKさん
またどこかで行き会えるといいですね

2009年10月20日　八戸のK.Tさんへ
新住協　　会澤 健二

死を宣告されてから家づくりを決意し、奥さんにQ1.0住宅を遺して他界した人がいます。自らの入居まで神様は命を与えてくれませんでした。

余命宣告

２００９年２月、あの大震災の２年前、私は八戸に住む亀井利美さんという人から電話を受けた。住宅雑誌リプランの「エコ住宅Ｑ1.0」という本を読んでそんな住宅を建てたいので協力して欲しいという内容だった。息せき切るような話し方に切羽詰まったものを感じた。その時は翌３月八戸市に隣接するおいらせ町イオンモールで行う市民住宅セミナーの会場で会うことを約束して電話を終えたのだが、亀井さんの声は時々かすれ、何かただ事ではない感じがして、それがずっと気になっていた。そして３月12日、はたして会場に現れた亀井さんは車いす姿だった。すこし細身細面で、開口一番こう言った。

「私の命はあと一年持つかどうかわからないのです。新住協のＱ1.0住宅をつくって妻に遺してやりたいと考えています。協力してくれませんか」

「今まで、住宅の本をずいぶん読んで勉強したつもりです。住宅もたくさん見て来ました。その結果、八戸のように寒いけど陽も照るところにはＱ1.0住宅の考え方が一番だと思いました。自分はもう永く生きられません。建てるかどうかも迷いました。自分のためではなく自分がいなくなったあと妻に暮らして欲しいと決めました。妻に暖かい家を遺してやりたいんです。協力していただけませんか」

私は返す言葉もなく、病気の人を慮って仕事がしてくれるのは誰か、頭の中で誠

※１　新住協では「Ｑ1.0住宅を主題とした「新住協の家づくり」という本を制作し、東北北海道エリアでは書店販売もしていた

建ホーム（五戸市）の石田さんか…、そんなことを考えながら、できる限りのお手伝いをしたいと答えた。

亀井さんはその日のセミナーを途中退席した。そのときすでに、風邪も引けない弱い体になっていて、人混みは最も避けなければならなかったのだ。

仲間が共に涙を流した感動の家づくり

話は順調に進んで、五戸の誠建ホーム（金渕 誠社長）の石田さんが担当して亀井邸の建築は始まった。そしてその年の秋、念願のQ1.0住宅は完成した。しかし、利美さんは住宅竣工の10日前、完成を見届けるかのようにしてこの世を去った。2009年10月19日のことだった。私はこのことを一枚の追悼文にして新住協の仲間に送った。それが冒頭の1ページである。亀井さんのしたことをみんなに知って欲しかった。多くの人からたくさんのあたたかい言葉が寄せられた。みんな涙を流してくれた。住宅に携わるものとして何かしらそれぞれの心に響いたものがあったろう。

その後の訪問

あれから6年の歳月を経た2015年12月、私はこの話の当初から一緒に動いて

この家は2011.3.11の震災時、暖房なしで過ごせた

くれた平野公彦氏（十和田市　平野商事株専務）と亀井邸を訪ねた。今は妻の節子さんが一人で暮らしていると聞いていた。内心を云うと、こういう場合、私は実に不安をもつ。あの亀井さんがもし大事にされていなかったらどうしよう、あの家が大切にされていなかったらどうしよう、もしそうだったら仏壇に焼香だけしてすぐに辞そう、そんなことを考えるのだ。が、そんな懸念は微塵もなかった。

公園の角を曲がると亀井邸は見えた。あの亀井邸は初冬の日を受けて風合いをまして建っていた。庭の草木は葉を落としていたがきちんと手入れされ、節子さんの日常がうかがえた。玄関で節子さんが微笑んで迎えてくれた。通された居間は冬の光がやさしく入って陽だまりをつくっていた。壁に亀井さんの遺影が掛けられていて微笑んでいた。私は一瞬で全てが理解できて心から安堵した。

竣工を楽しみに命を永らえた

節子さんは当時を思い出すように少しずつ話をしてくれた。

「あの頃、私は内心反対だったんです。家を建てることが心身の負担になって命を縮めるのではないか、もうすでにそんな状況だったのです。でも、それは違いました。逆に完成まではと頑張って長生きしてくれたと思います」

「工事に向かう大工さん達が、借りていたアパートの前を毎朝通りました。あの人は、

冬の日は室内の奥深くまで入る。「心穏やかに暮らせている」と話す奥様

いつも窓からそれを見ていました。職人さん達は朝八時にはもう仕事にかかるので、「早くからがんばってくれているなあ」とよく口にしていました。いい人達に恵まれたと喜んでいるのがわかりました。よほどうれしかったのです。だから完成まで生きられたのだと思います」

しみじみと話してくれたこと

「夫がいなくなって本当に寂しいと思いました。今はもう落ち着きましたがずいぶん泣いて暮らしました」

「この家で本当に良かったと思うことがあります。一人きりになって、夜、一人で家に帰るのですが、部屋の灯りを玄関で付けることができるので暗い部屋に帰ることはありません。それだけではなく寒い日は玄関に入るとほわぁっと暖かいのです。まるで夫が灯りを付け、部屋を暖かくしてくれているようなのです」

「夫に先立たれた人同士が何となく集まることがあります。終わって帰るとき云われるんですよ」

「節子さんは暖かい家が待っていてくれるからいいですね、寒い部屋にひとりで灯りを付けるときは、本当に哀しいわ…」

「待つ人がいない家に帰ると云うことは本当に寂しいことです。でも、夫は私に暖

Kさんの陽だまり

かくて明るい家を遺してくれました。一人で暮らしている感じがしません。本当に感謝しています」

遠くを見つめるかのように節子さんは静かにそう話してくれた。私はその言葉にこの家の全てがあると思った。

東日本大震災時にわかったこの家の力

その節子さんがおや、と思うことがあった。あの東日本大震災の時、地震直後から停電になったので暖房が効かなかったはずなのに、その晩寒いと思わなかったことだ。あたりは大混乱していたせいもあって、そのときは気がつかなかったが、あとになってそれはすごいことなのだと気がついた。

冬期間、暖房はいつもＯＮ状態で春が来るまでＯＦＦにはしない。普段暖房を付けたり消したりする作業がないから、そのときも暖房のことなど頭になかったのだ。そうして電気が通じるまでの３日間、結局暖房なしで暮らしたのだが、何となく過ごしてしまった。だから、この家は冬に何かあっても少なくとも３日間は暖房無しで暮らせると思っているという。八戸の３月は関東関西の真冬に等しい。利美さんはすごい住宅を遺してくれた。

近所の人とコミュニケーションが取れるようにと東西に窓が配置された

窓

この家の東西の壁に北欧製の木製窓（ガデリウスウィンドウ）がついている。節子さんは今とてもいい窓だと思っている。アルミサッシの引き違い窓のように窓の真ん中に桟がなくガラスだけだから窓をくり抜いたようにくっきり外の景色が見える。

西の窓には桜が、東の窓からは畑が、それぞれ四季の姿を絵のように見せてくれる。その年、利美さんが「お花見はできないと思うが紅葉はみられる」と小さい声でいっていた西の窓の向こうに、葉を落とした桜が公園管理者の剪定を受けていた。

東の窓から見える家と畑は親しくしている人のもの。いつも姿が見えるので一人で暮らしている孤独感はないという。

小春日和

節子さんは最近思うことがある。

「自分だけがこんな気持ちになって、亡くなった夫には申し訳ない気がするんですが、なんだか今とても心穏やか気持ちなんですよ。なんと言っていいのか、一日一日、安らいだ気持ちになれるのです」

断熱　開口部　換気　仕様書

天井	高性能グラスウール16K		mm
外壁	充填部	高性能グラスウール16K	mm
	付加部	高性能グラスウール16K	mm
床	押出法ポリスチレンフォーム　3種		mm
開口部	樹脂サッシ＋Low-Eペアガラス		
換気	熱交換換気　80%効率　0.3回		

断熱性能及び年間暖房エネルギー消費量　■建設地 八戸

Q値	熱損失係数	W/㎡K
U値	外皮平均熱貫流率	W/㎡K
暖房エネルギー年間消費量	電気（効率1.0）	kWh
	灯油（効率0.85）	ℓ

仏壇に清楚な花が生けられていた。食卓の正面の壁にも利美さんが写真で微笑んでいた。午前11時になって、冬の日はますます奥深く差し込んできた。これからしばらくの間は部屋の奥まで日が入って夜までずっと暖かさを保ってくれるという。レースのカーテン越しに冬の日が庭木に射しているのが見えた。穏やかな初冬、まさしく小春日和だった。

小春日和はつかの間の休息。やがて必ず厳しい風雪の冬が来る。人は誰も老いて去るもの。人生にも小春日和のようなときがあると思う。人生の最期をどう迎えるか、できるなら人生の小春日和を心穏やかに少しでも永く過ごしたい。

節子さんはいう「待ってくれる人がいない家に帰るのは寂しい、だけど夫は暖かくて明るい家を遺してくれた、私は一人で暮らしているとは思ってはいない。いつも夫と二人で暮らしている」

利美さんは妻がそう思ってくれる住まいを遺して逝った。

施工者データ	
会社名 代表者	㈲誠建ホーム　金渕 誠
所在地	青森県上北郡六戸町犬落瀬字下淋代1-2
電話・FAX	TEL.0176-57-4301　　FAX.0176-57-4353
Mail	seikenhome@room.ocn.ne.jp
ホームページ	http://www.k2-homes.com/hp/seiken-h/

第12話

ネットで工務店選び　そして大成功

栃木県栃木市

建築データの偽装

折りも折りとはこのことをいうのか。不動産業界でも建材業界でもあの超大手の三井不動産と旭化成建材がこともあろうに建築データ偽装（2015.10.16朝日新聞）で大問題になっている。しかも部位は建築物の中で最も大切な基礎。偽装とはごまかしである。知っていてごまかすのだからことは悪質だ。発端は手すりのずれから露見したというが、もし、それが指摘されずに大地震が来て傾いたりしたらどうなっていたのか。データ偽装や悪質施工は表面化せずにそのまま事なきに済まされるかも知れない。損害を被るのはマンションを購入した住人だけ。両者ともとんでもないことをした。

冒頭になぜこの話を出したかというと、インターネットで工務店を選び、栃木市に家を建てた若夫婦がいて、その人に「見ず知らずの工務店に、住宅建築という大仕事を任せる気になったのはなぜですか」と尋ねたら、その理由に「信頼できる職人さんだと思ったから」という答えが返ってきたからだ。

その折りも折り、この事件が報道された。これらの職人はプライドというものを持たないのか。

職人を信頼すると言ったその人は、北海道レベル以上の断熱性能をもつ家を得て、今、大満足をしている。「この家にしてよかった」の本編は、若い人らしくネットで

※1　住宅展示場で話を聞くまで高断熱住宅があることさえ知らなかったという野口さん。知ってからはインターネットを検索しまくり猛勉強したという。家電は店舗でものを見てネットで買う人が多いというが、住宅もそういう時代か

住宅会社を選んだ話をレポートする。そこには高断熱住宅選びの達人的な教えがある。

住宅に快適性能があると知らなかった

「実は住宅に快適性能があることを知ったのは全くの偶然」と話を切り出してくれた野口靖久、陽子さん夫妻（栃木市在住）。夫の靖久さんは今年30歳になる。家を建てることになって近くの住宅展示場へ二人で出かけた。その日は夕方近くでどの展示場も閉店間際。たまたま声をかけてくれた営業マンがいたので導かれるまま入って話を聞くと、「ウチは高断熱高気密が特長で夏は涼しく冬暖かい」という。ちょうど、その頃住んでいるアパートの床が見事に冷たかったのでその話に聞き入っていると、住宅には断熱性能があって住宅会社によって大きな差があるという。たしかに営業マンがいうように室内は静かで暑くも寒くもない。野口さんはそこではじめて住宅に断熱性能があると知ったという。

ネットで検索、高断熱住宅情報

それまで全く知らなかったことなのでその話が新鮮に聞こえて、それならと意を決してその晩は「高断熱高気密をキーワードに検索しまくった」という。そして野口さんは驚いた。高断熱住宅の話が次から次へと出て来て、何々工法がいいとか、何々

一般の人はあまり目にすることがないだろうが、高性能グラスウールは写真のような施工がなされる

がだめだとか、初めて目にする言葉が際限なく続き、世の中がこんなふうになっていたと驚いたのだ。それらを読んで行くと確かに断熱性能は大事で、これまでそれが何故いわれてこなかったのかがおかしなことだと自分でも思った。そして、どうせ建てるなら性能のいい住宅にしたいと考えるようになった。

そして一つの工務店へ

「なぜ新住協のやなぎたさんに行き着いたのですか?」と聞いてみると「実は、ネット情報の中に高断熱住宅なら新住協が一番だと、変に強調する書き込みがあって、試しに新住協を検索してみたのです」。「そこにQ1.0《キューワン》住宅というのが載っていて、なるほどと思い、栃木の所属工務店を検索したら、いくつかの中にやなぎたハウジングが出てきた」という。

決め手は職人らしさ

「でも、ホームページの何を見たのですか? 何が決め手になったのですか?」

野口さんはいう「私の実家は農家で野菜作りをしています。それを見ていると、やはり手をかければかけただけいい野菜ができることがわかります」

「断熱性能も技術ですから、職人さんが重要だと思ったのです。ホームページで見

※2 「ある日訪ねてこられて、ほとんどその場でお願いしますという雰囲気になったのでこちらもびっくりしました」と話す柳田社長

たときにこの人は職人さんだと思いました。自分の直感です」

「そして、過去のブログも全部読んで、確信しました。私は技術にこだわった人が好きなんです」

それから柳田さんに依頼しようと心に決めて接し始めたという。実際、その頃住宅展示場には何回かは行ったのだが、営業マンには少々嫌気がさしていた。自分が求める技術の話は何もなくて、何とかして売りたい契約したいという本音が見え見えだったと話す。

柳田さんに「実際に会ってみていかがでした」という私の問いに、思った通りだったと野口さん。

「最初に施工した住宅を見せて貰ったとき、住んでいる人の好意的な応対をみてこの人がどんな仕事をしているかわかりました。少しでも不満や疑念があれば何かを感じますからね」

肝心の住まい心地はどうか？

入居は今年2月のまだ寒い時期。住み心地について聞くと「クレア君（犬）に聞いてみて下さい、動物は正直ですよ」という返事が来た。

クレア君は寒がりで、寒くなるにしたがって寝転がる場所を変えるというのだ。

風に強く下から二階まで開閉できる日除けを活用していた

アパート時代、夏の間は板の間にゴロンとしていたクレア君が、寒くなるにしたがって板の間から畳、畳からカーペット、そしてソファー、イスの上へと移動、冬になってコタツを見るとダッシュして飛び込んできたという。そのクレア君が今は床にゴロンと寝そべっているという言葉通り、本当に暖かい家になった。

真夏はいつも冷房

クレア君は夏も恩恵を受けている。夏は24時間冷房が効いている。2人とも外出するので窓は当然閉めきる。真夏、室内が熱射地獄になればクレア君の命に関わるので冷房して外出する。実は、それでも生活の全電気料が月7千円位だという。高断熱住宅は夏も上手に暮らせば涼しくできてしかも省エネなのだ。

誌面の関係で詳細記述はできないが、この住宅は太陽光発電が搭載されていて、発電された電気との売買差額は売電が勝っていていわゆるゼロエネルギーハウスになっている。

驚異的な高断熱

ゼロエネハウスとは、給湯や照明、冷暖房に使う住宅全体のエネルギー消費量と太陽光発電による創エネルギーを比較し太陽光発電エネルギーがプラスになる住宅

断熱　開口部　換気　仕様書

天井　屋根	吹き込みグラスウール18K		450mm
外壁	充填部	高性能グラスウール16K	120mm
	付加部	高性能グラスウール16K	120mm
床　基礎	押出法ポリスチレンフォーム　3種		100mm
開口部	樹脂サッシ＋2Ar2Low-E		
換気	熱交換換気　90%効率　0.5回		

断熱性能及び年間暖房エネルギー消費量　■建設地 江刺

Q値	熱損失係数	0.86W/㎡K
U値	外皮平均熱貫流率	0.29W/㎡K
暖房エネルギー年間消費量	電気（効率1.0）	1100kWh
	灯油（効率0.85）	126ℓ

をいう。給湯や照明は省エネ機器を使用しても省エネには限度がある。ところが、冷暖房エネルギーは、住宅の断熱性能を高めることで比較的容易に削減できる。この住宅のように断熱を厚くして開口部を強化した住宅は、日射が暖房エネルギーになって、いとも簡単にゼロエネハウスに近づく。断熱性能は北海道基準以上に高い。結果的に、それが快適につながっているのだから、驚異的な高断熱住宅（Q1.0住宅）は省エネで快適、つまり、いいことづくめの住宅なのだ。

職人の工夫

暮らしていて何がいいと感じていますかと奥さんに聞くと「寒くないとか暑くないというのは慣れてしまうと、余程のことがないと気がつかなくなるのですが、梅雨時でも冬でも洗濯物がよく乾いて、毎日が気持ちいい点ですよ」という答えが返ってきた。柳田さんが試してすといって施工した床下と天井の空気を上下間循環させる装置から送られる風利用のことだ（写真下）。これが、予想外の利用効果を生んでいる。

それから、夏の夜間専用を意図して付けた換気扇が、実は夏を前後した端境期にこそ快適な環境作りに役立っている。室内より外がさわやかな時期、窓を開けただけでは入ってこない空気の入れ換えができて、とてもいい工夫をして貰ったと喜ん

この換気扇は、いわゆる計画換気ではなく、ひとつの夏対策。夜間に回して冷たい外気を入れる

でいる。２階天井の仕上げや玄関周辺（前頁写真）、住宅展示場に並ぶ会社には望めない大小の工夫がこの家にはあると野口さんは満足げだ。

職人の誇り　矜持

冒頭同新聞の天声人語に旭化成の偽装問題に絡めて、「庶民の発見」（宮本常一著）という本から引用された次のような一文が書かれている。

「石積み職人が田舎を歩いているとき、他の職人が見事に積んだ石垣をみて「この石垣をついた職人はどんなつもりでこんなに心を込めた仕事をしたのだろう…村の人以外に見る人もいないのに…これが職人の誇りか」」

これは断熱も同じではないだろうか。壁の中は壁を貼ってしまえば壁しか見えないが、冬暖かく夏涼しく、暮らしやすい快適な環境を造るのは壁ではなく壁の中、見えない部分である。どれだけの断熱材をどう入れたら、夏冬どうなるか、職人は知っている。知っているから、誰が見ているわけでなくとも誇りをもって仕事をする。それが職人の矜恃であろう。そういう職人を選びたい。野口さんの工務店選びは、若いのにといったら失礼になるが、立派だと思う。

施工者データ	
会社名 代表者	㈲やなぎたハウジング　柳田 勲
所在地	栃木県真岡市阿部品572-1
電話・FAX	TEL.0285-74-4655　　FAX.0285-74-4657
Mail	info@yanagitahousing.com
ホームページ	http://www.yanagitahousing.com

第13話

望んでいた家ができました！家づくりのトレーナーと出会って

山形県山形市

本題に入る前の前置きになるが、女子スキージャンプの高梨沙羅選手はなぜあんなに強いのか。男子の世界では一度でも大変そうな優勝を、すでに53回も重ねていて歴代最高という。どうして高梨選手がそんなに勝てるのか。かねがね不思議に思っていたのだが、２０１７年３月13日（月）の朝日新聞を見て、その強さになるほどと納得したことがあった。

同新聞の「ひと」欄に、ジャンプ女子の高梨沙羅選手を支えるトレーナー牧野講平さん（37）という人が紹介されていた。耳慣れないトレーナーという職業、広辞苑には「競技などで練習や体調管理の指導者」と記されている。牧野さんはもう7年も高梨選手のトレーナーを務めていて、記事の中では「選手を勝たせるのが仕事」と言っている。トレーナーの大きな役割は、選手が最高のコンディションで戦いに臨める環境をつくることなのだそうだ。高梨選手も「安心して競技に臨める心強い味方」と牧野さんをいう。

家づくりのトレーナー

私はこのときふと、住宅建築にも同じことが言えると思った。新聞を読んだその前日（3月12日）に訪問した山形での話を想起して、高梨選手と牧野トレーナーの話は、あの施主と設計士の関係によく似た話だと思ったのだった。

K邸　外観

本当に自分の思う家を建てようとすれば、家づくりは、一般の人にとってある種の挑戦といえよう。挑戦とは戦いに挑むことである。家づくりはわからないことだらけでしかもやり直しがきかない。そこにトレーナー的な人がいて味方してくれたらどんなに心強いだろうか。そんなことが思い浮かんだのだ。

「建てたい家が建てられた」

「この家にしてよかった」の13話は山形市に住むKさん夫妻の家づくりを紹介する。K邸はコルポ建築設計事務所（代表　石山寛）の設計と、㈲三浦建築（社長　三浦和浩）の施工で建てられた。Kさん夫妻はまだ幼稚園前の女の子との３人家族。２年前、新居づくりを思い立ち家づくりの活動を開始した。モデルハウスや住宅会社その他、訪問した先は50か所を超えるくらいじっくりと取り組んで、昨年秋、念願の家ができたのである。その結果を大満足の家だと夫妻は言葉を揃えた。

訪問した日、Kさんは「お陰様で建てたい家を建てることができました」と言った。Kさんにとっての建てたい家とは、「家に帰ってきて、暖かいし、ああいい家だなぁ」としみじみ感じ、休みの日に外から眺めては「うん、いい家だ」とうなずける家なのだが、その通りにできたという。それは「暖かいだけでもダメ、格好いいだけでもダメ、機能的だけでもダメ、どれか一つでも欠けたらダメ」（Kさん談）なのだが、

外から見て「うん、いい」中から見て「やはり、いい」　手前は自宅前にある霞城公園のお堀

なかなかできない事だ。

訪問したその日、住宅建築を思い立った日から完成までの一部始終を聞き、「お陰様で」という言葉は石山さんと施工した㈲三浦建築に向けられたものと感じ取れた。「建てたい家が建てられた」背景にコルポ建築設計の石山寛さんが大きく関わっているのを知って、新聞記事のトレーナーと高梨沙羅選手の関係はそのままそっくりKさん夫妻と石山さんに当てはまると思ったのである。

家づくりにトレーナーがいてくれたら

きけば、石山さんは仕事を依頼されていない段階からKさんのメール相談に答えていたという。最初は、時々来る質問に答えていたのだったが、そのうち積極的にアドバイスしている自分に気がついたという。Kさんもそんな石山さんを「自分たちの話を聞いてくれ、わからないことを教えてくれる心強い味方」に思えて、メールの回数が増えていったという。

とにかく、人任せにしないで納得のゆく家づくりに挑む決意のKさんである。行動派とはいえはじめての家づくりである。石山さんの存在は心強かったに違いない。

二人で、内外とも丹念に打ち合わせを積んだという

メル友

両者に一体どんなことが行われたかメールの交信を元に辿ってみよう。全く偶然だがこの原稿を書いている真っ最中に森友メール問題が勃発している。ここでも、メールを辿って経緯をひもといてみよう。誌面の都合で全部は紹介できないので要点となった場面を要約して紹介したい。

2015.4.1 from KK to 石山

住宅建築を考えているのですが資料を頂けませんか。

これが両者の初めてのつながりである。石山さんは、資料請求を快諾し一度会いましょうかと返信している。

2015.4.2

あくまで現段階ですが、レンガの外壁、プロバンス風な家に憧れがあります。また、コルポさんのＨＰの自宅画像が素敵だなあと思いました^^ もちろん予算は限られていますが、住みやすい家、収納や意匠など優れた家がいいと思っています。

こうしてはじめて会うことになるのだが、石山さんはこの頃をこう語っている。

「最初は住宅相談に来られました。そのころの希望はプロバンス風な家に憧れているとのことでした。その後は、いろいろな物件を見て来ては、どこそこではこういうことを言っていたがどうなのか？　こういうものを見てきたけどどう思うか、などといろいろな質問のメールが来ることになりました。とことん調べたくなる性分だとメールに書いてありましたが、その通りで、気になるとメールが来るという状況で、しばらくはメル友関係が続きました」

その後も何度もメールと設計事務所訪問の繰り返しが続くのだが、石山さんは「聞かれることは答えようと思っていただけで、私が仕事を依頼されるとは思っていなかった」とふり返る。Ｋさんの質問は次第に核心に迫ってくる（石山さんの返信を書くと長文になるので、ここからはＫさんの質問のみ記載する）。

2015.4.25　8:25

いろいろな展示場を回っていると、「グラスウールなどの断熱材は、水に弱く、内部結露が発生しやすい。建築の際、どうしても雨や湿気を吸い込みやすい…我が社は、木材も工場でプレカットしてくるので、大工さんによる誤差がない」と言われます。どう思われますか？　その会社の宣伝文句の一つとはいえ、一理あるのか、迷います。

2015.4.25　23:34

ご返答ありがとうございます。安心しました。

今日も内覧会まわりをして楽しみました。…室内のイメージとしては、カフェ風？　というのでしょうか。梁や天井、床材でアクセントをつけながら、おしゃれで、いいなと思っています^^…石山さんの推すシンプルさとはまた違うのかもしれませんが…デザインや間取りは、当然私達は素人のため、設計士さんのセンスに頼りたい反面、こちらのいろいろな要望を叶えて欲しいというのもあります。無理難題ということではなくて^^; …モデルハウスがない分、どういう風に設計されていくのか、よくわからなくて、質問しているということです。お許しを！　例えば居間は、こんな感じがいいですが（天井）。

2015.4.26　12:41

こんにちは。要望を聞いていただけるということで、安心しました。

2015.4.27　19:47

毎回丁寧にご回答いただき感謝しております。

今度は土地探しの参考にさせていただきたく、教えてください。

40坪程度の延べ床面積、車2台の駐車スペースをとるとなると、最低どれくらいの土地が必要ですか？　建ぺい率とか容積とか、土地の形にもよるでしょうが^^;　おおよそでも結構です。

細かくは掲載しきれないがこういうメールが夏まで続き、この間、デザインだけではなく性能も大切という石山さんの意見で、断熱性能も重視する志向に変わってゆく。と同時にこの頃、Kさんに「自分の家づくりトレーナー」として石山さんに設計を依頼する気持ちが固まっていった。

そして、具体的な設計に入る前、両者のやりとりはかなり白熱する。例えば

意匠的にオープン階段にしたが1、2階の空気の流れにも好影響している

２０１５年10月17日には次のようなメールを夜遅く何度もやりとりしている。壁を塗り壁風に仕上げたいのだが、ここはなかなか費用がかかるので決定に難航している。断熱性能を優先させるか外観を重視するか、今度は石山さんからKさんに説得が入る。

2015.10.17　23:58

質問の多いメール、いつも丁寧にご返答ありがとうございます！^^;

断熱はやはり当初の予定通りがいいです。優先順位、上位でしたね、それも^^; 石山さんにお願いしたいと思った理由が、最初に聞いた断熱の話なので、そこを削っては自分の中で本末転倒です。なので、そこはレベルを下げたくはありません。

そして設計・建築へ

こうして、壁や天井の仕上げなども細々話し合って実施設計に入ることになった。出会いから9か月、２０１５年12月のことである。ここで、石山さんは「設計に入れたいことをまとめて下さい」と次のようなメールを交換している。

2015.12.23　20:32

石山「盛り込みたいことメールいただければと思います。ちょっと、どんな内容がくるのかドキドキですが（笑）ご要望は一応全部お聞きしたいと思いますので」

ＫＫ「盛り込みたいことをメールするといいんですよね？　明日以降になると思いますが、年末までにメールします。よろしくお願いします」

石山「盛り込んで欲しい項目ですが、できればまとまった段階で送っていただければと思います。今の段階でわかっていたほうが設計にスムーズに盛り込めますし、検討させていただいてから、打合せのほうがスムーズかとも思いますがいかがでしょうか」

こうして、いよいよ具体的な設計に入る。その時Ｋさんが作成した「盛り込んで欲しい要望」がすごい。玄関からキッチン、リビングなど住宅の部位ごとに自分のイメージを細かく記載し、わかりにくい箇所は写真を付けて伝えている。その全部を掲載することはできないのでその一部分を下に記した。ここからおよそその全体を推測して頂けると思う（表1）。

Ｋさんは、こういう形でそれまで見てきたものの総まとめとして自分の考えを「俺の家づくりメモ」と明記している。１００項目に近い中から10項目をピックアップさせて戴いた。ちなみに○は夫妻一致してGO、●は迷っている、☆は、奥さんは反対、という状況を意味しているそうだ。

１００に近い項目の中に断熱のことは全く入っていない。要望の中には記述されていない。つまり、それは専門家の石山さんに任せていることになる。ここはすごく大事である。まさしく専門家への信頼といえる。

表1　実施設計へ向けての要望

1. ○玄関フロアのどこかに姿見（鏡）を貼りたいと思ったが、オシャレなやり方が思いつかなかった
2. ○下足収納棚に扉、天井まで大きくとりたい
   【収納するもの：くつ、長靴、ほうき、塵取り、カッパ、折り畳み傘、他】
3. ○「横長の窓」などで土間スペースも明るくしたいと思ったが、現状でも大丈夫かな？
   （石山邸の土間スペースのように明るくしたい）
4. ●テレビ裏に間接照明
5. ●吹き抜けの窓（南）…2つにするか、開かなくてもいいので大きいの1つにするか
6. ○畳とリビングの段差を生かしたムカデ収納 ※ダイニング側に引き出す感じの方がいい？
   →季節もの（衣類、座布団、絨毯、他）
7. ○浴室から出てすぐのところに棚（or吊戸棚）
   →風呂上がりにすぐタオルをとれるように
8. ○西側壁にニッチ・間接照明（ニッチは、外壁に関わってしまうから無理？）
   →携帯（充電）、目覚まし時計等を置けるように
9. ●書斎本棚（テラス側）はもっと上まで。書斎テーブル側はそのまま。
   →プリンター、ギター、カメラなど本以外も置きたい。
10. ○マジッククロス（磁石がくっつく壁）
    →子どもの作品、プリント類を貼れるように（畳コーナー、ワークスペース、電話台）
    →①給食献立表、②ゴミの分別表等はどこに貼るか。

暮らしてみて

ともかく、K邸はこうして工事が着工する。工期は約5か月かかって２０１６年の10月竣工した。そしてはじめての冬を迎えた。その結果はというと、次の一文がすべてを物語っているのでKさんが書いてくれた感想をそのまま掲載させて貰う。

「暖かい家を建てたいという気持ちはありましたが、それは、どちらかと言うと、石山さんに出会い、いろいろと教えて頂いてから抱いた気持ちだったような気がします。私たちはやはり、おしゃれな素敵な家に憧れており、暖かい家なんていうのは、当たり前に付いてくるものと、安易な気持ちでした。

暖かい家に関心が向き、新住協の家づくりで是非お願いしたいと気持ちが固まってきた時に、一番心配したのが、「果たして格好いい家が建つのだろうか」ということでした。石山さんと出会う前までは、それまで訪問したいくつかの住宅会社の個性的なおしゃれな家に憧れていましたし、逆に、断熱に注力しているある建設会社さんは、確かに暖かい家だったけど、ちょっとダサいな…と。「暖かさが大事なのはわかるが、暖かければいいというわけでもないし…」と思ったのでした。

そんな時、石山さんへお願いして、石山さんの好む外観を見せてほしいと言ったところ、紹介してもらったのが、伊礼智（著名な建築家）さんが設計したモデルルームでした。その瞬間、「いいね！これ！　かっこいい！」と私たち夫婦は意気投合したのでした。

「暖かいだけじゃない」「機能的なだけじゃない」「かっこういいだけじゃない」全ての願いを叶えてもらえそうだと、私たちは夫婦そろって、安心して、石山さんにお願いしようと決めたのでした。

よかったと思います。今も変わりません。自宅に帰宅し、「ああいい家だなあ」。休みの日、外から眺め、

時には身体を横にしたいと畳スペースをとった

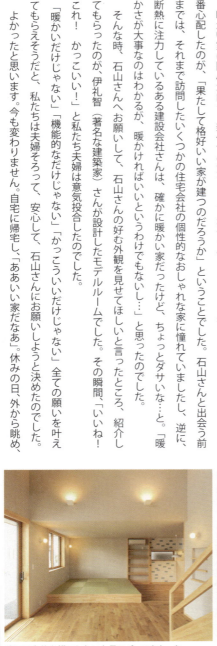

「うん、いい家だ」。毎日思いますが、それは、「暖かいから」だけではないのです。何か一つでも欠けていれば、満足できていなかったと思います。新住協の方々が本日いらっしゃって、私達としてもどうも、「暖かさ」に偏った話しかできなかったのが、少し心残りでした。

私たちの建てたい家は、石山さん、三浦さん、大工さん…、いろいろな方々に、たくさんのわがままを受け入れてもらって、実現した、唯一無二の家です」　2017.3.15　K

努力することの意義

この家づくりに、なにもそんなにまで自分でしないで専門家に任せればいいじゃないかと言う意見も当然あると思う。しかし、私はそうは思わない。家を建てると言うことは大仕事である。かつて大工棟梁は世の中の何でも知っていてはじめて棟梁であるといわれた。一般の人が家づくりに挑むということは棟梁に対抗するぐらいの広く深い勉強が必要である。情熱も忍耐もなくてはできない。Kさん夫婦はまだ30代である。何かに向かって、とことん探求する姿勢は人生のこの時期、行為そのものに価値があり、この後の人生に向けてきっと有意義であろう。金に任せた家づくりではどんな家ができても結局ただの買い物に過ぎない。何かをやり遂げたことにはならない。

断熱　開口部　換気　仕様書

天井	高性能グラスウール16K		200mm
外壁	充填部	高性能グラスウール16K	105mm
	付加部	高性能グラスウール16K	50mm
床	押出法ポリスチレンフォーム　3種		50mm
開口部	樹脂サッシ＋ArLow-E		
換気	第三種換気　0.5回		

断熱性能及び年間暖房エネルギー消費量　■建設地 山形

Q値	熱損失係数	1.33W/㎡K
U値	外皮平均熱貫流率	0.33W/㎡K
暖房エネルギー年間消費量	電気（効率1.0）	6485kWh
	灯油（効率0.85）	741ℓ

暖かいだけではなく…

それにしてもKさんの感想は素晴らしいと思う。賢明に努力したから生まれた珠玉の言葉だと思う。多くの建築家にこの言葉をそのままかみしめて欲しいとさえ思う。

余談だが、この原稿を執筆中に関東地方の一般の方から家づくりの問い合わせがあったので、私は、「こういう人もいますよ」とKさんの家づくりをメールで紹介した。すると、「私もその方のように、自分の思い描く家の実現に頑張ろうと気持ちを強くしました」と礼を言われた。

一生懸命努力した人の言葉は真実の強みを人に伝える。

暮らしの感想 2017の冬

相変わらず暖かいです。ここ最近の大寒波も、うちは全く無関係で、家の外に出てから、今日は随分寒いんだなと、気がつく次第です。年末年始に遊びに来た祖父母は、家のどこに行っても暖かいってすごいねと驚き、上着を一枚脱いで孫と遊んでいました。暖かくて部屋のどこでも着替えられるので、忙しい子育て期の我が家としては、大人も子供も助かっています。暖房はエアコン一台で、子供にも安全で、経済的。メンテナンスも楽なので、いろいろなところにゆとりが生まれてる気もします。

施工者データ	
会社名 代表者	コルポ建築設計事務所　石山 寛
所在地	山形県山形市桜田西1-7-13
電話・FAX	TEL.023-625-1778　　FAX.023-625-1778
Mail	hiroshi@colupo.com
ホームページ	http://www.colupo.com/

第14話

「結露のない暖かい家を2000万円で建てて欲しい」

群馬県高崎市

群馬県を知らない人、なかでも東北や北海道の人は、群馬県が関東地方だということだけで冬も暖かいと思っているかも知れないがそうではない。高崎や前橋の市街からちょっと離れた町は結構寒くなる。

2015年5月に旧榛名町（現高崎市）に完成した神宮邸を訪ねたとき、榛名の冬はすごく寒いと強調していたのでアメダスで気象データを調べてみた（今は、気象庁のホーページに詳しく掲載されているので過去のことまで瞬時にわかる便利な時代だ）。2015年1月の気温を筆者の住む仙台と比較してみた。すると榛名（上里見）と仙台の最低気温の平均はマイナス2・7℃とマイナス0・3℃、最低気温そのものはマイナス6・4℃とマイナス3・4℃で、ちょうど3℃榛名が低い。12月も2月も同じ傾向だ。しかし下表には最高気温の平均しかないが、1日の平均気温自体は仙台より高い。日中、太陽が出ているときが暖かいと、日が落ちてからの寒さは、温度以上に寒く感じるものだ。おそらく、日常生活の中では神宮さんが言うように相当寒く感じるに違いない。

以前こんなことがあった。仙台でこれから家を建てようとする7〜8人の集まりで話をしたときのこと。11月の末である。

「朝夕すっかり寒くなりましたが、皆さんの家、日中お日様が入る部屋は暖かいでしょう？」

集まった人たち「家は古いけど暖かいですよ」

陽か射すと一日中暖かさが残る

仙台と榛名の2015年1月の温度

	最低気温の平均	月の最低気温	最高気温の平均
上里見	-2.7	-6.4	9.4
仙台	-0.3	-3.4	5.9

榛名の気象データは近隣の上里見

「では、日が沈んだらどうなりますか？」

「寒いよ、とたんに寒くなるからすぐストーブつけます」

「そうでしょう、あの暖かさはどこへ行っちゃうんでしょう？」

「高断熱住宅はそこからが違うんです。暖かさが保温されて急には寒くならないんです。よく魔法瓶のような家と言いますよね。あれなんです。布団もそうですよね。起きてからも布団と布団の間にはしばらくは温もりがあるじゃないですか。布団は断熱材なんです。高断熱住宅って布団にすっぽり覆われているようなものなんですよ」

「暖かさが残っていれば暖房入れなくて済むでしょう？　そういう家はちょっと暖房すればすぐ暖かくなってしまうんです。だから高断熱住宅は省エネなんです」

たいていの人はこの話に納得する。

前置きが長くなったが、榛名町に高断熱住宅を建てた神宮さんが「前の家はすごく寒かった」と何度も強調するのでこの話を思い出した。

神宮さん、今はどうかというと、通常は朝夕寒いときだけちょっと暖房するだけで、日が沈んでからも中々寒くならないと言う。

「この家にしてよかった」今回は群馬県の旧榛名町の神宮さんの家づくりを題材に断熱住宅のいろいろを紹介したい。施工会社は㈱大熊住宅（榛名町本社）。神宮さんの家を簡単に言えば「たったこれだけで暖かい家になっちゃった」である。難しい理屈は必要なし、リーズナブルで快適、それでいて「すごく気に入っている」なのだ。

断熱がしっかりしているから寒くない広々空間ができる

たったこれだけでしっかりした高断熱住宅

室蘭工業大学教授を一昨年退官した鎌田紀彦先生（現同大名誉教授）を日本の高断熱住宅の生みの親と評価する人は多い。日本の家屋が寒いことに誰も異論はない。断熱材が入るようになってからでも家は暖かくなっていない。同教授はその原因を構造的に断熱材がきかない仕組みになっていたからだと指摘し、北海道の建築学会で改良工法を発表した。昭和60年のことである。改良工法をいち早く取り入れたのは北海道の工務店である。改良工法は驚くほどの成果を現し瞬く間に全道の工務店に採用され広がった。これが日本の高断熱住宅の始まりである。改良工法は新在来木造構法と命名され今や九州四国にまで普及している（国交省の省エネ基準の標準工法にも採用されている）。

改良工法の最大ポイントをネクタイを使って説明してみる。夏のクールビズではネクタイを外す。ネクタイをしていると暑さが増す。一方冬はネクタイをすると暖かい。しないと襟元から体温が逃げてくるのがわかる。つまり、シャツやセーターを着ていてもその下の空気が抜けてしまうのでセーターの暖かさが発揮できない。下端がスースー空いていたらもっと寒いはず。

実は、住宅もそういう一面があって室内からは見えない壁の中は天井から外部に抜けていて、暖められた空気は上昇して外に逃げてしまう。室内の暖房が強くなれ

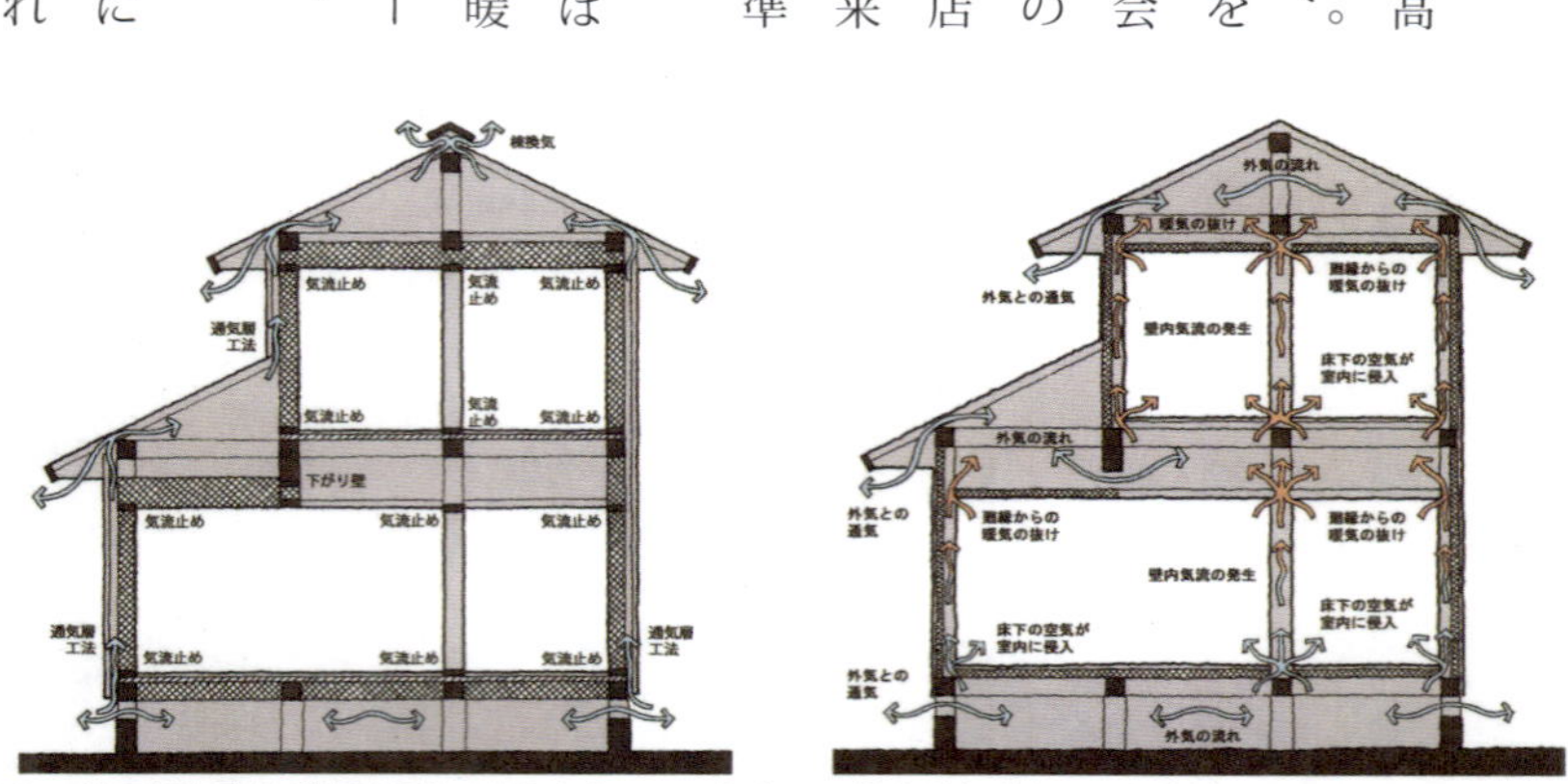

出典　鎌田紀彦監修「燃費半分で暮らす家」　これまでの住宅がなぜ寒かった（右）

ばなるほど気流は強まって逃げる。もちろん、天井に隙間があればそこからも熱は逃げる。天井が暖められた空気の出口だとすれば住宅には空気の入り口がある。入り口が開いていたら壁の中の空気はより強さを増して上昇する。図は鎌田教授の説明図だが、それをみれば理屈がよくわかる。改良工法はその出口入り口を閉じたもの（気流止めという）。Yシャツで言えばベルトとネクタイである。それが断熱材の効く基本構造と鎌田教授場は説明する。そして、それさえできれば「高断熱住宅は90％出来上がり」と講演で話す。

住宅の断熱性能

住宅の壁の中は使う柱の太さで隙間の幅が決まる。つまり、3・5寸の柱なら105㎜、4寸の柱なら120㎜の空隙ができる。そこに断熱材を入れ、上下の出入り口を閉じさえすればその厚み分だけの断熱性能を持つというのだ（もちろん床壁の隙間は作らないという前提で）。柱の分だけ隙が空く、だからそこに断熱材を充填する、それで十分な断熱性能になる、ならばそれでいいではないか。

実は神宮さんの住宅はそういうふうにできあがっていて旧基準で言えば東北の寒冷地基準以上の断熱性能に仕上がっている。

床壁天井に入れられるだけの高性能グラスウールを使っている。高性能グラスウー

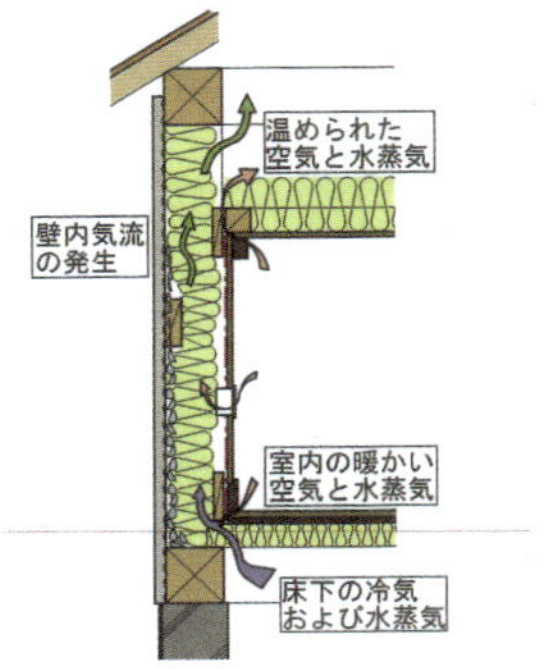

50mmGW断熱外壁の欠陥

※1
右　暖房すると壁の中の空気が暖められ壁内に気流が起こり断熱材が効かなかった
左　その欠陥を「気流止め」によって正した改良構法（左）

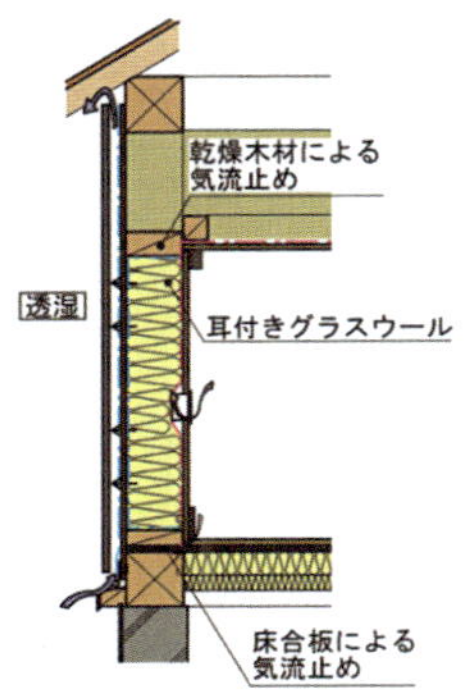

床・外壁をボード気密層とするボード気密工法

ルは扱いも簡便で性能的にもコストパフォーマンスがいい。施工会社の大熊住宅にとっては特別何かをしないでできる高断熱住宅なのだ。だからリーズナブルにできる。

お金をかけるならサッシガラス

それでも次世代省エネ基準をはるかに上回る省エネ住宅なっている。その原因は2つある。一つは開口部、窓の性能を基準より大幅に上げた。以前にも挙げたが、性能を高めるにはまず窓を変えること。開口部は壁全体の20％を（平均30㎡くらい）占め、ここが壁の10分の1くらいしか性能がなかった。神宮邸では南に日射を透しやすく断熱性能が高いLow-Eペアガラスを選んだ（ここが省エネのポイント）。こういうことは、ツボを知った工務店でないと中々できない。さらに付け加えるなら、玄関戸は目立たないが意外と大きな面積があり断熱性能が弱いことが多いから要注意だ。デザインだけで選ぶと玄関周りが寒いということになる。

床断熱か基礎断熱か

ところで、この住宅は床断熱が採用されている。断熱工法には床に断熱しないで基礎の外周または内周に断熱材を張る基礎断熱工法がある。図を見ればその違いがわかる。住宅の床は和室や洋室があり平面ではない。また浴室や玄関があり床が全

断熱　開口部　換気　仕様書

天井	高性能グラスウール16K		300mm
外壁	充填部	高性能グラスウール16K	120mm
	付加部	高性能グラスウール16K	100mm
床	押出法ポリスチレンフォーム　3種		100mm
開口部	樹脂サッシ＋Low-Eペアガラス		
換気	熱交換換気　80%効率　0.5回		

断熱性能及び年間暖房エネルギー消費量　■建設地 高崎

Q値	熱損失係数	1.22W/㎡K
U値	外皮平均熱貫流率	0.37W/㎡K
暖房エネルギー年間消費量	電気（効率1.0）	3507kWh
	灯油（効率0.85）	401 ℓ

面ではない。したがって断熱施工するときその分手が掛かる。基礎断熱の場合は基礎で断熱してしまうので床下は室内空間の一部になる。したがって床の形状には関係なく断熱できる。基礎断熱は施工がしやすいことや床下から立ち上がる水道管凍結の心配ない（主に寒冷地）ことなどから、基礎断熱を採用する工務店は多い。一方、床断熱は基礎断熱より床表面の温度が高くなって暖かいなどの利点で床断熱を採用しようという動きも多くなっている。大熊住宅はその上にシロアリ対策も加味して床断熱を採用している。真冬、床断熱の家で住宅見学会をすると来客の中には「床暖房ですか?」と聞く人も多い。今、床断熱が見直されている。

夏も冬もびっしょりの生活

とにかく今思い出すとアパート暮らしはひどかったと奥さんが話す。

「エアコンをフル稼働させて冷暖房するんです。夏は18℃冬は27℃、それでも全然…」と話し出すから、「え、夏冬逆じゃないですか?」と言葉を返すと、「いや、間違いじゃないんです。それくらいにしないと冷房も暖房もきかないんです」と笑う。聞いていて「あらら…」である。関東のアパート暮らしはそういうことになるのかと頭の中で納得していたら「夏は暑くて、冷房のタイマーが止まったら汗びっしょりでもう眠れない、冬はあちこちで結露がびっしょり、びっしょりばっかりと冗談を言う。

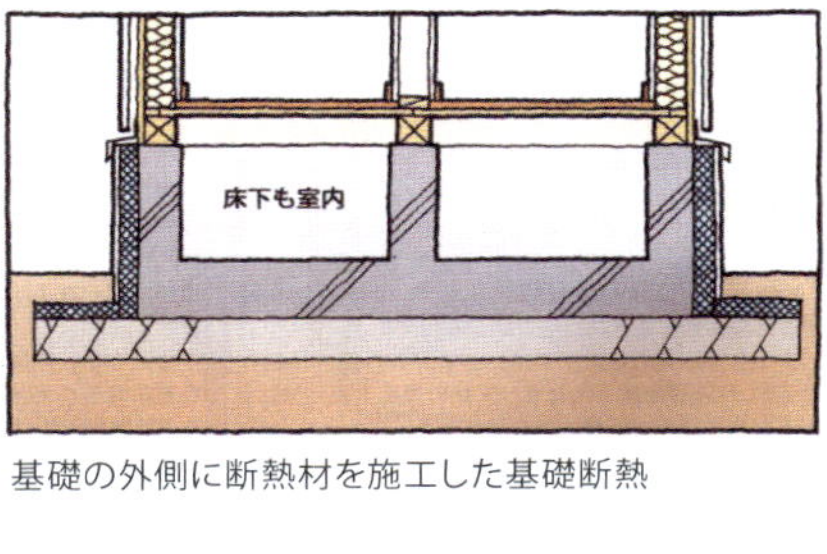

基礎の外側に断熱材を施工した基礎断熱

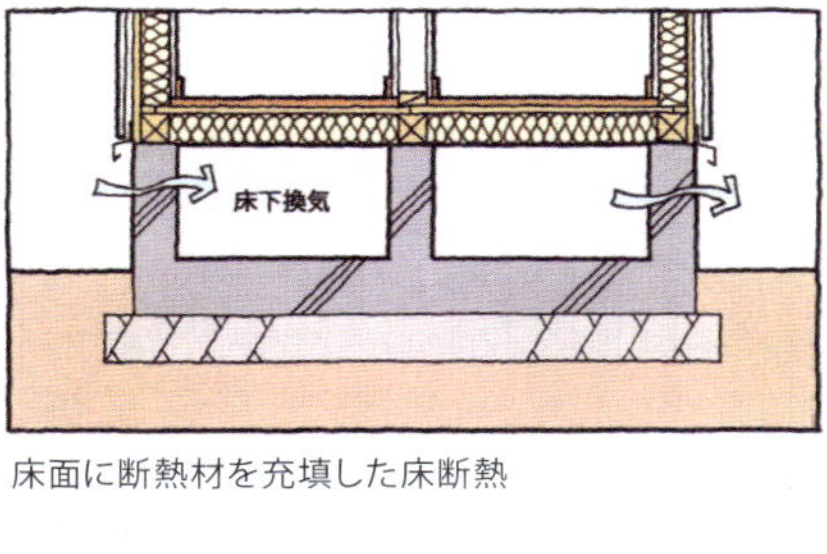

床面に断熱材を充填した床断熱

それが笑って言えるのも今の家が素晴らしく快適だからなのだが、とにかく結露がひどかったので、大熊住宅に「結露のない家にして欲しい」と強く要望したとのこと。

熱帯魚にまつわる話　3題

神宮さんは熱帯魚を飼っている。熱帯魚と高断熱住宅に関連する興味ある話をしよう。

まず熱帯魚は高断熱住宅で飼うとお得という話。水槽は幅1m、奥行き60㎝、水は高さが45㎝入っている。水温は熱帯魚だから常時25℃に保っている。これは冬の住宅を暖房するエネルギー消費と同じ理屈になる。つまり、寒い家の室内温度を8℃とすると常時17℃分の電気が必要。暖かい家が平均20℃の室内なら5℃だけである。これが一冬しかも24時間だから水槽の電気代だけでも大変な負担になる（興味のある人は計算してみるといい）。熱帯魚は断熱住宅で飼うと電気代は安くなる。

その2は、冬場の乾燥防止に役立つこと。断熱住宅の欠点といえば欠点だが、室内の湿度が低くなる傾向がある。それを抑えているのが生活から発生する水分、つまり炊事や観葉植物、時には洗濯物、浴室もそういう役割を果たす。熱帯魚の水槽も大きな働きをするようだ。

その3はサバイバル。東日本大震災時、多くの家が停電になり復旧するのに2～

勿論、窓ガラスから結露はすっかりなくなった

3週間以上かかった。3月の初旬である。電気がなければ水槽の水温は下がる。結局熱帯魚を死なせてそのまま飼うのを断念した家は多い。廃業した店もある。ところが、筆者の家では死なななかったのである。3・11〜一週間、電気は来なかったが熱帯魚は死ななかった。高断熱住宅はサバイバル住宅にもなるのだ。

省エネ　光熱費は？

お日様が入るとすごく暖かいから、暖房は朝の内だけ入れて後は切ります。日中は暑いくらいになる日があります。それが冬。夏は、涼しいので暑い日は冷房を入れるがあまり使わないようだ。その結果光熱費はどうなっているか。おおざっぱですと前置きしてアパート暮らしの電気ガス料金表と現在を比較してくれた。それによると冷暖房を使う電気代は季節の代表月でいうとこうなる。夏は23000円が14000円に、秋は15000円が9000円、冬27000円が16000円。だいたい40％位の削減になっている。それでいて快適な暮らしに大変身なのだから満足の度合いがわかる。

「これが普通」の家づくり、と工務店

主人の神宮司さんと工務店の大熊さんは幼い頃からの友達。神宮司さん夫婦は高

いわば、熱帯魚は冬でも全室暖房の暮らし。寒い家では室温が低くなるので電気代は高額になる

断熱住宅がどんなものかおおよそは知っていた。だから依頼するときは簡単にこう言った。「とにかく結露が起こらない家、それから1馬力で返済できるローンが組める家」1馬力とは神宮司さんさん一人の働きという意味。つまり「いい家を安く作ってくれ」である。実際この家は税込み1980万円（税別1834万円）。35坪だからおおよそ坪55万円である。

たったこれだけで大満足の家、要領を知っている工務店に頼めば意外とできるものだ。頼む方も請ける方も格好つけるような関係ではこうはならない。何でも言い合える関係がいい結果を生んだ。両方良しができた代表作だ。

施工者データ	
会社名 代表者	㈱大熊住宅　大熊 康成
所在地	群馬県高崎市高浜町1032-5
電話・FAX	TEL.027-343-5866　　FAX.027-343-7408
Mail	custom.house1973@mist.ocn.ne.jp
ホームページ	http://www.okuma-jyutaku.com

第15話

職人　小千谷の花火師が選んだ家は本物の高断熱住宅

新潟県小千谷市

世の中にはものごとをわざと難しく考えるとしか思えないような人がいる。私は新住協のホームページや住宅雑誌で高断熱住宅を奨めているので、一般の方から高断熱住宅を建てたいとか、高断熱住宅のことを勉強したいとか、そんな相談のメールを時々受ける。エリアはほぼ全国から来る。そういう人は、高断熱住宅を建てたいという前提があるから話は比較的簡単に進むのだが、中には質問の意図がわからない内容もある。先日はある男性から「あなたが高断熱住宅をそれほどまで熱心に奨める理由を聞かせてくれ」という質問があった。「寒い暮らしはイヤだから暖かく暮らしたい」。理由はそれだけでもいいと思うのだが、「高断熱にするとどんなメリットがあるのか」とさらに聞かれる。私は、高断熱を望まない人にまで奨めるつもりはないので、答える情熱が失せてしまうこともある。家づくりはものごとをもっと簡単に考えた方が結果はうまく行くと思っている。

読者に伝えたい家づくり物語、第15話はシンプルに考えて、シンプルに行動して、イメージ通り、上々の結果を得た新潟県の花火技師さんの家づくりを紹介する。

冬の洗濯もの対策3点セット

新潟県は元々花火が盛んで全国に有名だ。なかでも長岡（川の花火）、柏崎（海の花火）、片貝（山の花火）が越後三大花火と呼ばれ毎年夏の夜を盛大に飾ると教えら

※1　花火製造士の松葉さんは「業者選びに失敗したら、それは自己責任」と自分にも厳しい

松葉大作・奈津子さん夫妻

れた。今回登場して頂くのは片貝町（現小千谷市）に住む花火師の松葉大作、奈津子さん夫妻。昨年末、新住協のQ1.0《キューワン》住宅を建てた。設計施工は新潟市の㈱菅原建築設計事務所（菅原守利社長）。二人は8年前結婚して6歳になる長男を頭に3人の男の子がいる。それまで住んでいた家は築30年になる一戸建て住宅。築30年の家はとても寒かった。おまけに冬は周辺に１ｍくらいの雪が常時積もっている。親子5人、8畳一間に籠もるように暮らしていたという。小さい子供に目が届かない事もあるが、寒いので全部の部屋は使えない。勢い一部屋で暮らすようになる。狭くともそれはそれで楽しいのだが冬一番困るのは洗濯物が乾かないことだった。子供が小さいので洗濯物は毎日出る。妻の奈津子さんが言う「石油ストーブの上に物干しのように掛け、そこにエアコンの風を当てて少しでも早く乾くようにします。すると、今度は湿気が多くなるので除湿器を掛けないと部屋中びしょびしょになりそうです。ストーブ、エアコン、除湿器、それが洗濯物を乾かす3点セットでした。それでいてちゃんとは乾かないのでストーブの前で乾かしながら畳むんですよ。」冬の洗濯物対策三点セットとは、お母さんとしての苦労がわかる。大変な話だ。それが今はどうだ。部屋の一部に掛けておくだけ、一晩でしかもサラッと乾いてしまう。それだけ考えても大助かりの家になった。

　そして、なんといっても暖かいのがいい。どんな言い方をしたらいいかわからないくらいうれしい家だと奈津子さんが言う。「以前は、勤めから帰ってくるとまず自

あら不思議　もう乾いてる　昨夜の洗濯

※2　高断熱の欠点といえば欠点になるが、冬季、暖房された室内は過乾燥気味になる。しかし、それを利用して洗濯物が乾きやすくていいという声も多い

分の身体が温まるまで、自分を取り戻せないときがありました」「前の家に暮らしていたのはほんの一年前の事なのですが、今年の冬、こんな暮らしをしていたら、あの家の冬を忘れてしまいそうです。今はよその家に泊まりに来たような気分です」と笑顔で話す。

私が菅原社長とともに訪問したのは2月の中旬。今年は例年より大幅に少ない雪だと話してくれたがそれでも周囲に30～40㎝の雪があった。その日も子供達は家の中で過ごしていた。私たちが話している回りを元気よく走り回る。

長男は丈一郎君で小学一年生。次男は銀二郎君4歳、そして三男は敢三郎君で2歳になったばかり。3人とも動きたくて動きたくて身体が止まっていない。「長男は2階に行けると言って喜んでいるんですよ」前の家では寒いから冬2階に行ってはいけないと言っていたそうだ。今は1、2階を3人が駆け上がり駆け下り走り回っている。それだけでは足りず、リビングに作って貰ったボルダリングの壁をすいすいと登ってゆく。2歳になった敢三郎君まで登ろうとしている。暖かい家だから子供達の元気さが違うと微笑んでいる。これなら雪深い冬でも健やかに成長期を過ごせる。「この家にして本当によかったと思っています」と奈津子さんは心から言っていることが伝わる。

こういう生活ができると言えば、高断熱住宅を奨める理由は他に何もいらないと思うがいかがだろうか。

兄を追いかけて元気な三男の敢三郎君

元気に遊ぶ子供たち

以前の家と比較したら暖房効率12〜13倍の家

それでいて、暖房費がどうか、松葉さんに尋ねてみると、これが驚きの話だ。

住宅は30坪（約100㎡）、今年1月に初めて来た電気代から暖房費としてだけ明確に取り出せないが全体で25000円だから、暖房費としては8000円位と推測される。設計段階での年間暖房エネルギーは約3万円（エアコン）と試算されている。ただ、アメダスのデータは建設地を長岡としているから、片貝はもう少し寒く、おそらく年間4〜5万円位の暖房費と予想される。ところが、驚くことに、以前の家で使用していた暖房費は広さ8畳一間（13・2㎡）で、1月だけで約25000円位（灯油2万円、電気5000円）かかっていたという。片貝町の暖房は11月中旬から4月のはじめまで、5か月に及ぶ。年間にすると10万円はかかると推測される。そのことを松葉さんに聴くと多分その位になっていたという。ということは、半分以下の費用（4〜5万円）で暖房面積が約7倍（13・2㎡が100㎡）になるから、以前の住宅に比べたら暖房効率は12〜13倍以上の家という計算になる。今までがかかりすぎていたと言えなくもないが、3人の子育て真っ最中であれば、その位は使っていたであろう。

読者の皆さんには信じられないかも知れないが、松葉さんのような生活を強いられている人がQ1.0住宅のような高性能住宅を建てると実際こうなる。これがほんも

※3　暖房機の能力表示と高断熱住宅
市販の暖房機（エアコンやストーブ）には木造10畳用とか目安となる暖房面積が表示されているが、性能の高い高断熱住宅には当てはまらない。上の文章のように断熱性能が高い住宅では表示の数倍以上の能力となる。必要暖房容量の計算に準じて容量を決定したい

暖房の目やす		木造（戸建）	コンクリート（集合）
	寒冷地	18畳まで（29.5㎡）	29畳まで（48㎡）
	温暖地	18畳（29.5㎡）まで	25畳（41.5㎡）まで
暖房出力		2.12〜6.98kW（1,820〜6,000kcal/h）	

の計算された高断熱住宅なのだ。

片貝の花火師として

松葉さんが花火を製造する技師ということは前述した。生まれは鳥取県、東京で過ごした学生時代、花火に興味を持ってアルバイトに入り、そこで花火の打ち上げを担当するまでになり、全国の花火を追って巡回し、片貝の花火を製造することに落ち着いたという。片貝の花火は、企業や個人が願い事を込めて町の浅原神社に奉納する奉納花火として知られるが、3尺玉発祥の地の通り毎年世界最大とされる4尺玉が打ち上げられるなど、全国にその技術を誇る、輝かしい歴史を持つといわれる。

今回、松葉さんを訪ねたのは松葉さんがその片貝の花火師と聞いたことにも惹かれた。花火のような特別なものを作る技師がどんな家づくりに臨んだのか興味があった。

暖かい家にこだわった

花火の製造は真剣勝負、緊張の中で一年中火気は厳禁、いい加減なことは許されないと聞く。実際、松葉さんの目は勝負師のような雰囲気が漂う（私はずっと昔プロゴルファー青木功の全盛期の頃、間近に視線を見たことがあって、勝負師の目と

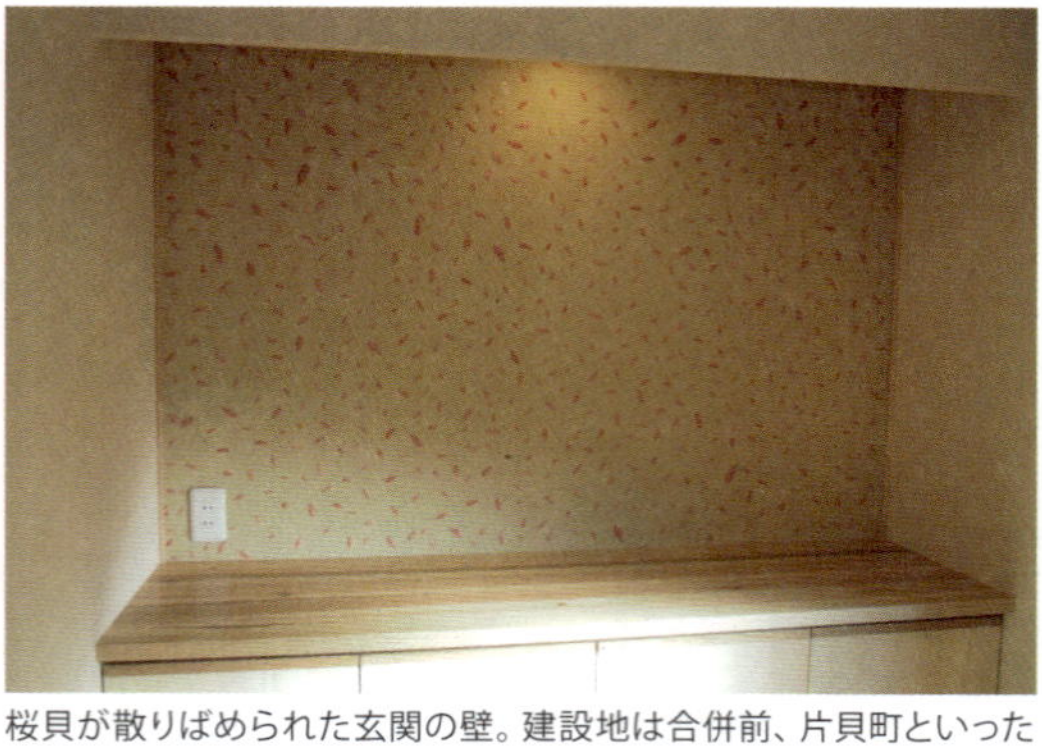

桜貝が散りばめられた玄関の壁。建設地は合併前、片貝町といった

いうものをあるイメージで思い込んでいる）。そんな松葉さんに、どういう経緯でこの家にたどり着きました？　ときいたらこういう答えが返ってきた。「こだわったのは暖かい家です」。先ず近隣の工務店がどういう仕事をしているか調べ、次に長岡の住宅展示場に行ってメーカーの人に色々質問して訊いた。一軒だけ体験宿泊できるメーカーがあったので家族で試しに泊まってみた。確かに暖かく、高断熱住宅の感触はよくわかった。そこで高断熱のよさを確信し、今度はホームページを検索、暖かい家をキーワードにして検索、そして菅原建築設計事務所に出会ったという。

「菅原建築設計事務所のホームページには知りたいことがほぼ記載されていました。私は、どちらかというとすぐ行動するタイプです。ホームページを見て新潟市へ出向き菅原さんに会いました。これは自分の信念とも言えるのですが、たとえば住宅のことはいくら勉強しても素人は素人です。プロを信じます。どんなプロを信じるか、選ぶのは自分です。判断選択する自分自身を信じるしかありません。それで失敗したら自分の失敗だと思ってあきらめます。それが自分の選び方です」。そうして菅原建築設計事務所を選んだ。

体験宿泊に行ったときはこんな事があった。前の晩、その会社はなんと家族分の寿司を取ってくれて朝食もハムや牛乳などを用意してくれるというサービスぶり。何となく後が怖いと話していたら案の定、翌朝やってきて「いかがですか、契約しませんか」と迫られた。勿論「そんな状況までは行ってない」と帰ってきたのだが、

断熱　開口部　換気　仕様書

天井 屋根	セルロースファイバー16K		300mm
外壁	充填部	高性能グラスウール16K	120mm
	付加部	高性能グラスウール16K	100mm
床 基礎	硬質ウレタンフォーム　2種		100mm
開口部	アルミ樹脂複合サッシ＋遮熱ArLow-E		
換気	第三種換気　0.5回		

断熱性能及び年間暖房エネルギー消費量　■建設地 長岡

Q値	熱損失係数	1.17W/㎡K
U値	外皮平均熱貫流率	0.34W/㎡K
暖房エネルギー年間消費量	電気（効率1.0）	2654kWh
	灯油（効率0.85）	303ℓ

住宅展示場の営業マンは全体に表面だけの薄っぺらな印象だったという。プロとして信じるには至らないと言うことか。

強さと優しさと

その日、玄関を辞するとき、壁にピンクの小さな貝殻が埋められていた。これは？と聴くと鳥取に住む父がどこかに使ってくれと送ってくれたという。ここは片貝町だからというわけではあるまいが、ピンク色の小さな貝は桜貝だと教えてくれた。こんなやさしい貝を送ってくれた人はどんな父親なのか、私はもう一度大作さんの顔を見た。花火を追って片貝町に移住、奈津子さんと恋におちて３人の元気な子に恵まれた。勝負師のような厳しい目をちょっと緩めるとき男の優しさを感じた。菅原さんがすごく礼儀正しい人だよというニュアンスがよくわかった。花火技師の息子３人の名前に親の生き方がわかるような気がしてとても印象に残った。(2016.2.27)

暮らしの感想 2017の冬

今年の冬に気付いた事、1月の電気代が昨年同月より３０００円安くなった！　周りの家に大量のつららが出来る中、我が家は全くできなかった！　あと、今回の件とは関係ないですが、エアコン周りを塞いでいただいた後、室内の温度がかなり安定しました。今は常に設定温度20度ですが、快適に過ごしております。有り難うございました。

施工者データ	
会社名 代表者	㈱菅原建築設計事務所　菅原 守利
所在地	新潟県新潟市中央区姥ヶ山2丁目26-24
電話・FAX	TEL.025-257-8818　FAX.025-257-8819
Mail	qwp11227@nifty.com
ホームページ	http://sugaken1.com/

第16話

「この家にしてよかった」もう一つの意味

新潟県阿賀野市

新潟県の北東部に広がる北蒲原平野の一角に阿賀野市というところがある。人口は約45000人、新潟市と近接していることもあって大幅な過疎化は免れているが高齢化は進んでいて総人口の3分の1近い人が65歳を超えている。平野部の雪は積もる程ではない。しかし五頭温泉がある麓《ふもと》近くまで来るとさすがに降る量も多く寒い日が続く。ここでは年間の暖房日数が140日にも及ぶ。

平成27年秋、その五頭温泉の麓《ふもと》に35坪の平屋建て住宅が完成した。入居するのはまもなく70歳になる松崎良継さん夫妻と100歳になる老母の3人。典型的なこれからの社会の姿かもしれない。建築した工務店は地元の宮﨑建築㈱。今回は「この家にしてよかった」と同時に「この工務店にしてよかった」という物語を少し趣を変えて紹介する。そこには、過疎高齢化が進む地域社会の中で、将来に不安を抱きながらも、工務店経営に挑む若い大工の一途な姿がある。

暖かい家づくり

今、松崎さん夫妻は「この家にして本当によかった」と思っている。その理由はいくつもあるが第一に暖かいこと。たいして暖房をしていないのに35坪の家のどこも寒くないのである。仕切りのない広いリビングも、和室も、北側に奥まったトイレや浴室の脱衣室も寝室も、松崎さんには不思議に思えるのだが12月になっても1

暖かい家は何をするにも楽でいいと喜ぶ松崎さん夫妻

月になって雪が積もっても、寒くならないのである。そればかりか、たまに日が射してくると暖かすぎる日もあるのだ。住み始めて一月《ひとつき》、そういえば宮﨑建築の息子さんが「暖かい家にしますから」といった言葉を思い出したのであった。松崎さんは暖かい家にして欲しいと希望して建築を依頼したわけではないのである。

暮らしてみると身体が楽なことに気がついた。暖かい家がこんなに暮らしやすいとは思わなかった。元々寒がりではないのだが、それでも去年まではこんなに薄着で暮らしたことはなかった。朝起きるときも何気なくすっと布団から出られるし、そのまま台所に立っても寒くない。洗濯物も一日でよく乾く。何よりも、奥さんにとっては100歳になるおばあさんの世話をするときに楽なのがいい。こうしてみると家が暖かいというのは高齢者にとって何よりだと思うのであった。

父を継いで工務店

「暖かい家」を建築した宮﨑建築㈱の現社長宮﨑直也氏は地元で代々続く大工の四代目で、35歳の時、父英雄さんの家業を継いで今年4年目になる。2016年にそれまでの個人事業から株式会社にした。松崎さんが息子さんと言ったのは直也氏のことである。

業者団体の役員をしていた松崎さんは英雄さんとの交流の中で、直也氏の仕事ぶ

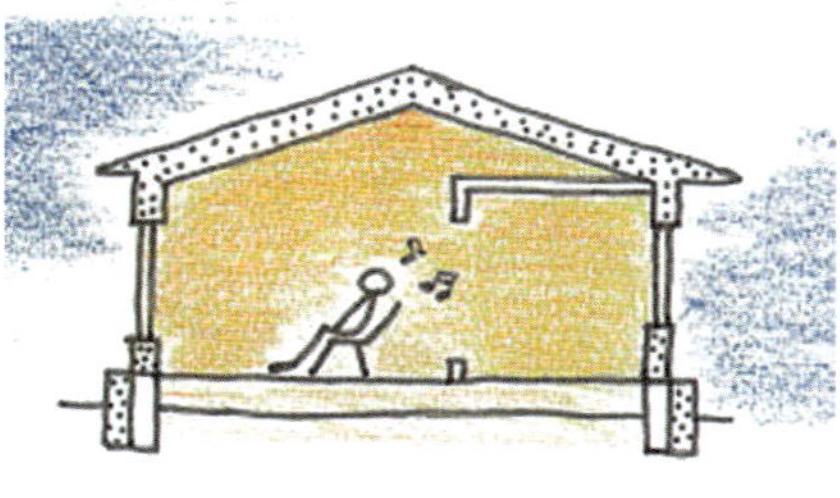

宮﨑建築の基本方針は「リフォームでも新築でもすべての家を暖かくする」

りを見聞きし、奥さんがつくっているホームページも見ていた。宮﨑建築の事業主が息子に代わったことも知っていた。元々、家を建てるなら地元の工務店にと考えていた松崎さんは彼ならしっかりした家をつくってくれると確信して宮﨑建築に頼んだのだった。

住んでみて、松崎さんは、やはり若い人の時代だとあらためて思った。父の代わりに来た直也氏が、暖かい家にしますからといった話も、そのときはさほど真剣に聞いていなかったのだが、こうしてなるほど家中寒くない家に暮らしてみると、その意味がわかったのである。これが世代の違いかとしみじみ思うのであった。

しかも直也氏は、完成してからも足繁く通ってくれて、新しい家に不自由はないか戸惑いはないか、細々《こまごま》と面倒見てくれるのである。若い人が近くにいてくれるというだけで、何か安心して歳をとれるような気がして、この人に頼んでよかったとしみじみ思うのであった。それが2つめである。

家を平屋にしたこと、バリアフリーにしたこと、それらが思い描いていた通りにできたこと。暮らしてみて、本当によかったと思う点を数え上げれば色々あるのだが、家が暖かいと云うこともそれらを更によくしているのだとふと思うようになった。

しっかりした断熱住宅は冬でも室内は開放感にあふれる

高断熱住宅への取り組み

直也氏は昭和53年生まれ、今年39歳になる。高校を卒業して新潟市の大工塾に4年間学びその後父の元で建築に入った。塾時代には技能五輪の全国大会に県予選一位の成績で出場したことがある。一級技能士で、技能には自信があった。しかし、ある頃から技能がお客さんにとってはたしてどんな価値があるのか、疑問に思うようになった。

２０１１年３月の東日本大震災はその疑問を決定的にした。あの震災時、停電になった家では暖房が使えず、寒くてとても暮らせなかった。宮﨑建築が建てた家も例外ではなかった。そんなとき、東北では阿賀野よりももっと寒い地域にもかかわらず暖房無しでも暮らせた家が沢山あったと聞いて、やはりこれではいけないと強く思った。

以後、高断熱住宅に関心をもち、その後関東、東北へ出向き、高断熱住宅の見聞を広め、暖かい家をつくる技術を学んだ。真冬にその暖かさ体験にも出かけた。色々な人に教えを請い冬暖かい家をつくる技術を習得した。今では自分が建築する家は新築でもリフォームでもすべての家を高断熱高気密を基本性能にするまでに至った。松崎邸は云われなくともそうして高断熱住宅になったのである。

宮﨑建築は壁の内外に断熱する付加断熱にも取り組んだ

高齢化が進むから暖かい家が必要

彼は、松崎邸を建築して確信したことがある。これまで実感できないでいたが、高齢化は確実に自分の住む街にも押し迫っている。どこを見ても暮らしているのは年寄りばかりだ。しかも、その家の殆ど全部が昔のままの寒い家だ。年々、歳を重ねる人がこのまま寒い家に暮らすことは健康にもよくない。暖かい家にしてあげたい。せめて依頼された仕事は全部暖かい家にしよう。そう考えるのだった。高齢化社会にもっとも必要なことは冬暖かく暮らせる家にすること、それが、この地域で住宅建築を営む自分の仕事だと考えるようになった。

或る依頼

同じ頃、父の旧知Kさんからこういう依頼があった。

「今修繕中の家を依頼していた大工さんが体調を崩して仕事を継続できなくなった。それを引き継いでもらえまいか」

Kさんは「他人のした仕事を途中から引き受けてくれる業者なんて簡単に見つからない」と周囲から言われていただけに、知人の息子とはいえ依頼する言葉を選んだ。彼は少し躊躇したようなそぶりを見せた。引き受けるかどうかではなく、今からでもその家を暖かく出来るかどうか、もしまだ間に合うなら暖かい家にしたいと考え

地域の古い住宅を暖かく改修する断熱リフォーム（右改修前）

たのだ。そう思って現場状況を見てみると、工事はだいぶ進んでいたがまだ暖かい家にすることはできる状況だった。彼は快く受け、断熱気密を施工し、引き継いだ仕事をきれいに仕上げた。Kさんの奥さんは口にこそ出さなかったが、内心は暖かい家に住みたいと思っていたから実に嬉しいと思った。

ローカリスト

直也氏がKさんの依頼を快諾したのにはもう一つ彼しかわからない理由があった。近年、地域主義・ローカリストという言葉がある。自分が住む地域の人達と共に生き、自分の住む地域を愛し、地域に貢献する人のこと、と云えばいいかもしれない。

彼はローカリストという言葉が好きだという。しかし今はそれを口にしない。ローカリストになりきることは、言葉にして人にいえる程安易なことではないと思っている。

過疎高齢化のこの土地で、父の後を継いで住宅建築で生計を立てていけるか、自信があるわけではない。しかし、彼はローカリストとしてここで暮らしてゆくと決めたのだ。だから、Kさんの仕事を受けた。商売だけで受けたのではない。困っているならそれを扶け、自分の技術で暖かい家に直し、この先Kさん夫婦に住んでもらえば、自分はずっとKさんに喜ばれる。地域の人に喜ばれて仕事が出来ることこ

地域の大工は地域の家の構造を熟知しているからリフォームもやりやすい利がある（右　改修前）

そ自分の求めているものだ。そのためには人が嫌がるような仕事でも率先して受けよう。自分はまだ若いのだ。地域に生きると云うことはそういうことだと思った。

床下放熱式エアコン暖房

暖かくていいと褒められた松崎邸の暖房はエアコン一台である。エアコンの暖気を床下に吹き出すという新しい暖房方法をとっている。カタログの表示には木造住宅なら14畳用の性能と表記されている。35坪と言えば70畳だから本来なら能力不足だが、住宅の断熱性能がしっかりしているとそれで間に合う。

その暖気が床下から35坪の家全域に暖かさがゆっくり行き渡る。家の中のどこも寒くない。それを一番驚いているのは、当初無関心だった夫の良継さんだった。そのことにいたく感心して、折に触れ仕事先の関連団体で周囲の人に話をしている。

直也氏は、彼自身2度目の床下暖房だが、この方法で上手く行くことを確信した。

資格取得と補助

彼は今年3月住宅医という聞き慣れない資格を取得した。中古住宅の瑕疵診断をする公的な資格である。まだ全国に多くはいない。住宅は新築の時代ではなく中古住宅流通が主流となる。住宅医という資格が働くときが来るだろう。耐震診断士の

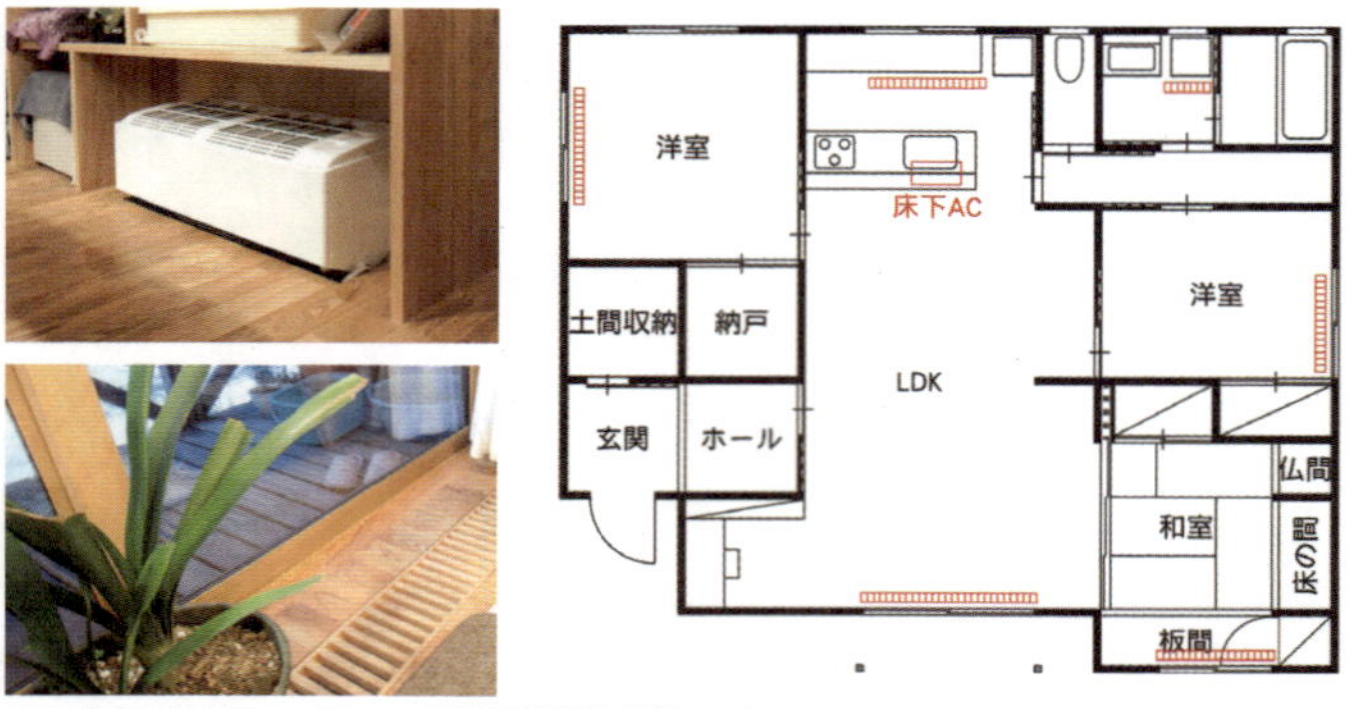

床下放熱式暖房。エアコンの設置場所と暖気の出口

資格も取得している。

社会の高齢化はこれからますます本格化する。病院も介護施設も不足し自宅が病院代わりにせざるを得ない時が必ず来る。そうなると国は政策として公的な補助を出すだろう。そういう補助は有効に使いたい。そのためには資格があった方がいい。そのとき資格は生きるだろう。彼はそう思っている。その補助を誰のためのものか、それはこの土地の人に使うものだ。そういう補助を沢山受けてこの土地の家をよくしたい、それも地域に貢献するローカリストの役割だと思っている。

もう一つの「この家にしてよかった」

志水辰夫という作家に「みのたけの春」という小説がある。時は幕末、舞台は京都に近い丹後地方、新しい時代の波に乗ろうとする若者が、維新を叫び京へ京へとこぞって上って行く。その中で、老いた母を世話し、一人、郷に残る若者を描く物語なのだが、こんな場面がある。

「彼は想う、大志だけがなんで男子の本懐なものか（大きな夢を抱くばかりが男の本望ではない）。田舎に残る者には残るだけの理由がある。自分の身の丈に合った生き方がある。それが何で劣るものか、人としてやることは見栄えじゃない」

主人公はそう思うのである。そこに彼のめざすローカリストと共通するものを感

断熱　開口部　換気　仕様書

天井	ロックウール25K		250mm
外壁	充填部	高性能グラスウール16K	120mm
	付加部		
床	押出法ポリスチレンフォーム　3種		120mm
開口部	樹脂サッシ＋Low-Eペアガラス		
換気	熱交換換気　90%効率　0.5回		

断熱性能及び年間暖房エネルギー消費量　■建設地 新津

Q値	熱損失係数	1.19W/㎡K
U値	外皮平均熱貫流率	0.35W/㎡K
暖房エネルギー年間消費量	電気（効率1.0）	4548kWh
	灯油（効率0.85）	522ℓ

じる。

宮崎建築がはじめて手がけた本格的な断熱住宅は、暖かく快適で、年寄りに暮らしやすくやさしかった。松崎さん夫婦はそれを大いに喜ぶのだが、「この家にして本当によかった」と思ったのはそれだけではない。この住宅建築を通して、一人の若者がこの土地に生きる自信を持ち、自分の仕事に希望を持った。若い世代の人がこの土地で一途に仕事に励む。そのことがなぜか我が事のようにうれしいと思うのだった。松崎さんは「宮崎さんにやってもらって、この家にして本当によかった」そう言ったのである。

そういう応援を感じて直也氏も考えた。自分が出来ることは暖かい家をつくること。自分は暖かい家を地道に丹念につくってゆこう、それが新築であってもリフォームであっても、大きくとも小さくとも、暖かく暮らせる家をつくってゆけば人は喜んでくれる。そういう仕事で評価される工務店になればいい。ぶれないで行こう、彼は松崎邸でそれを確信した。

暮らしの感想 2017の冬

ストーブがあって暖かいという感じはないがどの部屋に行っても寒さを感じないのがいい。この家に住んで寒いと思ったことが一度もない。全館暖房しているのに以前より光熱費が安くなった。エアコン暖房のため、灯油を買いに行かなくてよい。ストーブへの給油する手間もない。以前は各部屋にストーブがあり、給油が煩わしかった。その時間を他のことに使えてうれしい。仕事柄、よその家を訪問することが多いが、帰宅する度「我が家は暖かいなぁ」と口にしてしまう。（良継さん談）

施工者データ	
会社名 代表者	宮崎建築㈱　宮崎 直也
所在地	新潟県阿賀野市下一分1421
電話・FAX	TEL.0250-63-0235　FAX.0250-62-3208
Mail	naoya@miyazakikenchiku.com
ホームページ	http://www.miyazakikenchiku.com/

第17話

たしかに暖かくなった！
もう少し安かったらみんなに勧めたい…

山形県鶴岡市

1通の手紙から始まった断熱リフォーム

平成13年の東北地方は格別に寒い冬だった。今回の舞台となる山形県は、日中の最高気温が0℃以下、いわゆる真冬日が何日も続くということは滅多にないのだが、この年は3～4日連続してしかも何回か断続的に寒波が到来する寒さだった。その2月末、山形県鶴岡市に住む主婦の方から（仮にAさんとする）一通の手紙が届いた。それはこんな内容だった。

『先日は早速「住まいの科学」（本）を送って頂き有り難うございました。現在新築するのなら迷わず高断熱高気密の住宅にするところですが、残念ながら10年前に在来工法で建築してしまいました。毎冬、暖房費（各室はＦＦのガスストーブと一部温水暖房）の割に寒くて寒くてどうにかならないものかと思い続けております。最近、鶴岡でもＦＰの家とか外断熱の家が多く見られるようになりました。見学会に行き、玄関を入ったときからポカポカ暖かく羨ましい限りです。最初の構造から違っているようですが今ある住宅（50坪位のモルタル平屋建）を鎌田先生が言っている環境にやさしい快適な住まいに直すことは不可能なものでしょうか？　ご返答をお待ちしております』（平成13年　原文まま）

改修前（右）改修後（左）　藤沢周平の時代小説の舞台となる鶴岡には瀟洒な佇まいの家が多い。冬は風が強く寒いという

工事前の調査

工事は酒田市の※三浦工務店がすることになった。三浦工務店は庄内地方の和風住宅も得意としの高断熱施工の経験豊富なベテランであった。さらにここが重要なことだが、親方棟梁として技術的にいかようにも対応できる技量があった。私は三浦さんの現地調査に同行しあらためてAさんに挨拶した。何回かの手紙のやりとりで既に気持ちに通うものを感じていたからAさんも快く迎えてくれた。

図面が渡され、天井や床下点検口の場所を教えられた。外へ出ると基礎の換気口にはベニヤ板が張ってあり、「冬の風が強いので閉じているんです」とAさんが日本海からの風の強さを話してくれた。茶の間に戻ってその切実さをさらに物語るようなことを聞かされた。「主人と二人暮らしなのですが1月の光熱費は7万円もかかったんですよ。暖房しても、風の強い日は家の中がスースーしてまるで野原でたき火しているようなものなんです」というのである。

私たちは予定していたチェックポイントの確認作業を進めた。床下の土間には薄いビニールのようなシートが敷いてあり、土がかぶっていた。床の断熱材はポリスチレンのボードが根太間に挟まれ、壁は室内側からウレタンが30㎜位吹き付けられていた。

建築当時、Aさんは隙間なく吹き付けられたそのウレタンを見せられ「この家は

工事着工前に木材腐朽の有無などの調査をしないとしっかりした改修計画を立てられない

暖かくなりますよと言われたのだったのだが、それがまったく逆で家の中は暖かくなるどころか風がスースーだった。

さらに天井裏を見渡した時点で三浦さんはこの家がなぜ寒いか、暖かくならないか、その原因をはっきりつかんだ。

暖かくならない原因

住宅がなぜ寒いかを別な言い方をすれば断熱材がなぜ効かないかということになる。下図右にその理屈が図解されている（新住協発行の新在来木造構法マニュアル２００２）。Aさんの住宅の断熱構造を比較してみると（下図左）全く同じことがわかる。この壁はウレタンの吹き付けであるが、グラスウールを外側に押しつけて入れた場合と理屈は同じである。ここでは明確に床天井が筒抜けになっていて、まさに断熱材が効かない典型的なパターンである。日本海側の、ただでさえ冬の強い北風が床下を通り、壁の中を吹き抜けてゆくから「野原でたき火をしているようなもの」になるのである。

着工

現地調査を終え、整理した関係資料を室蘭工大鎌田研究室に送付した。この工事

断面図（改修前）

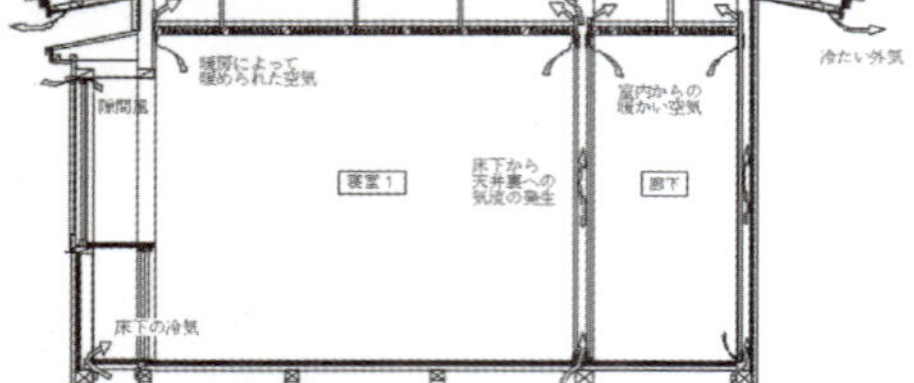

壁の中に空洞ができていた

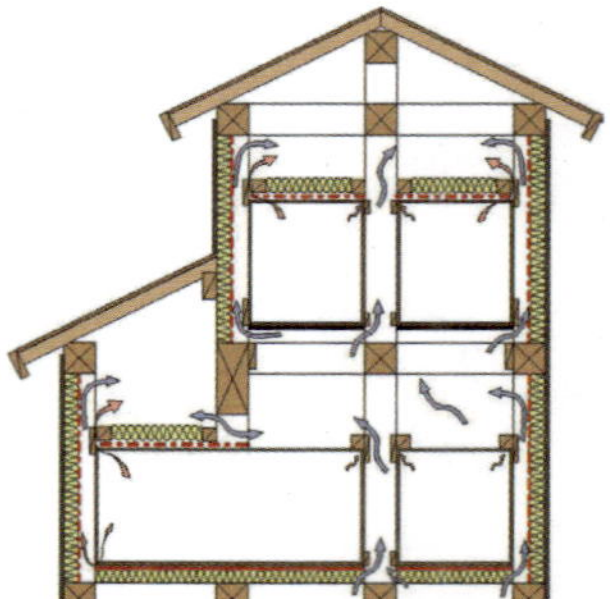

在来木造住宅が暖かくならない原因（新在来木造構法マニュアル2002より）

は本格的な断熱改修工事に取り組む第一棟目でもあることからいろいろな策を施すべく次のような実施項目が研究室から指示書として送られてきた。

①性能的目標　気密性能2・0　熱損失係数Q値2・0程度

②暖房設備は現状のまま

③開口部　使えるものは気密材を交換して使用し、シングルサッシは断熱サッシに変更

④耐震性能も向上させる

⑤住んだまま工事する

⑥解体廃棄物を極力少なくする

こうして工事は開始された。その工事過程の概略は写真の通りである。ここまで、Aさんは住んだまま工事が進み、解体廃棄物もほとんど出さず、残りは天井の断熱だけとなった。

暖かくならない⁉

11月の中頃Aさんから電話があった。

「暖房を入れてみたけど以前とあまり変わらないような気がするのですが…」

壁の断熱工事　耐震性も向上させている

大丈夫か？　というのである。もしかして、又欺されたと内心思ったかも知れない。実際、Ａさんの目には工事完了に見えただろう。壁には断熱材が入ったしサッシは断熱サッシになった。基礎の断熱も一番早く終わっているので見た目にはほぼ完了したように見える。それでいて暖かさに変化がなければ心配するのも当然である。

私はその時点では天井の工事が済んでいないことを知っていたから、こんな言い方をした。

「お風呂に給湯するとき栓が緩んでいたらお湯がなかなかたまりませんよね、暖房は暖かい空気が上から溜まって来るんです。今は天井の栓が緩んでいるようなもので、天井の工事が終わればガラッと変わるはずですからちょっと待ってみてください」

Ａさんの半信半疑の面持ちが目に見えるようだったことを覚えている。大事な天井の工事は写真のようにして完成した。

半分の暖房で家全体が暖かくなった！

本格的な冬を迎えたその年の12月、Ａさんは驚いた。今までは全部の暖房機をつけても寒かった家が、半分も使わないで家全体が暖かいのである。最初は今年の冬は暖かいのかと思っていたのだが、12月になり、日本海からの雪まじりの北風が吹いても去年までの寒さがないのである。Ａさんは工事に踏み切ったことを心から喜

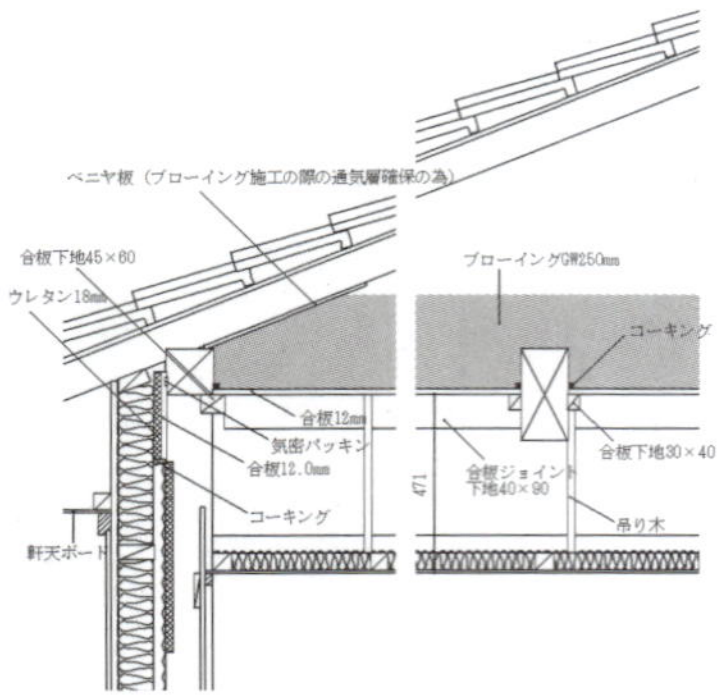

天井　天井をそのままにして断熱気密層をつくった

んだ。

お礼の手紙

すべての工事を終えてAさんから手紙が届いた。

『我が家の断熱改修工事ですが、ようやく完成しました。自分でも驚くくらい立派な外観と、目的である暖かさも今のところ快適そのもので満足しております。同じ暖房機なのに10年間寒い寒いと言って来たのが嘘のようです。費用がもう少し安かったら皆に勧めたいくらいです。大変な工事で工務店さんもご苦労されたようですが一生懸命頑張ってくれて感謝しております。良い工務店をご紹介いただき本当にありがとうございました』（平成13年12月原文）

課題

この手紙には色々な含みがある。

「今のところ快適そのものです」とあるが断熱改修は暖かくなるという目的が明確なだけ結果を出さなければインチキになる。「費用がもう少し安かったら」という点は大きな課題である。本格的な改修は初の試みといえども約８５０万円では誰でもできるものではない。

新住協の技術情報42号

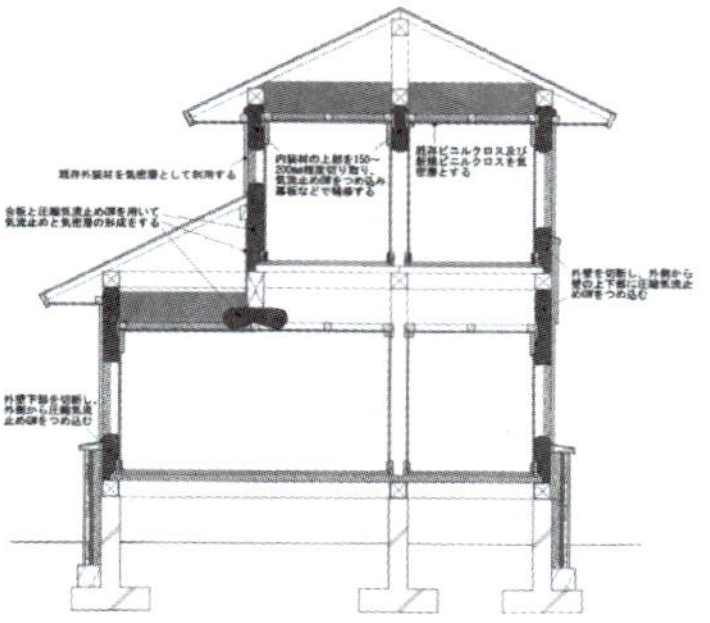
ローコスト断熱耐震工法の断面図

北海道庁発行「性能向上リフォームマニュアル」

「一生懸命頑張ってくれた」という目は正しいと思う。断熱気密の原理原則を知っていなければできない工事であるから、リフォーム専門業者が安直に商売できる分野ではない。

この手紙が新技術開発の発端になった

「費用がもう少し安かったら皆に勧めたいくらいです」というこの一言が、室蘭工大鎌田紀彦教授の胸にいつも澱んでいた。暖かくしたいというだけで500万円だって出せる人はいない。せいぜい100万円程度でやれる方法はないか、それをいつも考えていたという。あるとき、奥さんの何気ない日常を見ていてある閃きがあった。それが北海道庁で発行する「住宅の性能向上　リフォームマニュアル」に登場することによって、後の断熱耐震同時改修基本工法となる。

※「新住協の断熱耐震同時改修」が平成22年、23年国交省の長期優良住宅先導事業に採択され、一戸あたり最大200万円の補助を受け、2年間で250戸のリフォーム工事を行った。北海道から九州まで、暖かく暮らせるようになったとユーザーから多くの賞賛を得た（詳細は新住協の技術情報42号に掲載されている）

断熱　開口部　換気　仕様書

天井	吹き込みグラスウール18K		250mm
外壁	充填部	高性能グラスウール16K	90mm
	付加部		
床	押出法ポリスチレンフォーム　3種		50mm
開口部	樹脂サッシ＋Low-Eペアガラス		
換気	第三種換気　0.5回		

※三浦工務店は社長の死去に伴い現在は廃業されています

第18話

リフォームで暖かい家にしたい
理系人が選んだ工法と業者

宮城県角田市

団塊世代の定年退職

宮城県角田市に住む田代勝さんは昭和25年の生まれ。いわゆる団塊世代で長年勤めた大手自動車部品会社を２０１０年に定年退職した。これからは仲良し奥さんと二人、心身ともにリフレッシュして新しい人生の第二ステージに立ちたいと考えて家のリフォームを計画、築26年経った住宅の改修工事を完成させた。施工業者には隣町の㈲今野建業を選んだ。途中３・11の大震災があるなど色々な出来事があったもののほぼ思い通りのできあがりに満面の笑みで今年の正月を迎えた。「お母さんたち大丈夫？」と遠く福岡、沖縄県からエールを送ってくれた二人の娘さん達も、年末に帰省したときに「すごい、あったか〜い、すてき」と大感激、これからが楽しみな家になったとますます笑みがこぼれる二人のリフォーム物語を紹介する。

さすがと感じたことがある

田代さんは勤務先で、生産技術、生産企画が専門だった。最近はあまり目にすることがなくなったように思うがＱＣ活動（品質管理）という言葉がある。かつてはどこの企業でもそれぞれの職場で色々な問題を取り上げ、それらを一つ一つつぶして作業効率を上げたり問題解決をしたり、盛んに行われたものだ。

改修後　2011.11

改修前　2011.8

リフォームを進めるに当たってそのQC手法を思い起こさせる田代さんのメモがある。住宅の部位ごと場所ごとの問題点とこうしたいという形が細やかに書かれていて全部で35項目ある。表には「現状の我が家の不具合・使いづらい内容一覧」と題してあり、さらに、重要度ランク、データ、対策案の欄まである。

やるべきことを明確にして工事しようというもので、その手法は極めて建設的、当然いい結果が生まれよう。さすが生産技術に就いてきた人だと感心する(末尾参照)。

断熱耐震改修セミナーにて

リフォームQCメモの作成日は２０１１年2月25日となっている。その週の初め、新聞で小会（新住協）のリフォームセミナーがあることを知った田代さんは、2月26日、宮城県民会館で行われた「断熱耐震改修セミナー」に出席した。勿論リフォームの要点メモは頭に整理されている。そこで室蘭工大鎌田紀彦教授の断熱耐震改修理論をはじめて聴いた。話は専門的だったが、技術系の田代さんにはそこがわかった。「この会にはたしかな技術の裏付けがある」と確信し、気持ちが大きく傾いたそうだ。それもそのはず、田代さんのQCメモには「家の中が寒い」・重要度ランクA・データには真冬の寒い日の室温が1℃～3℃になると記されている。

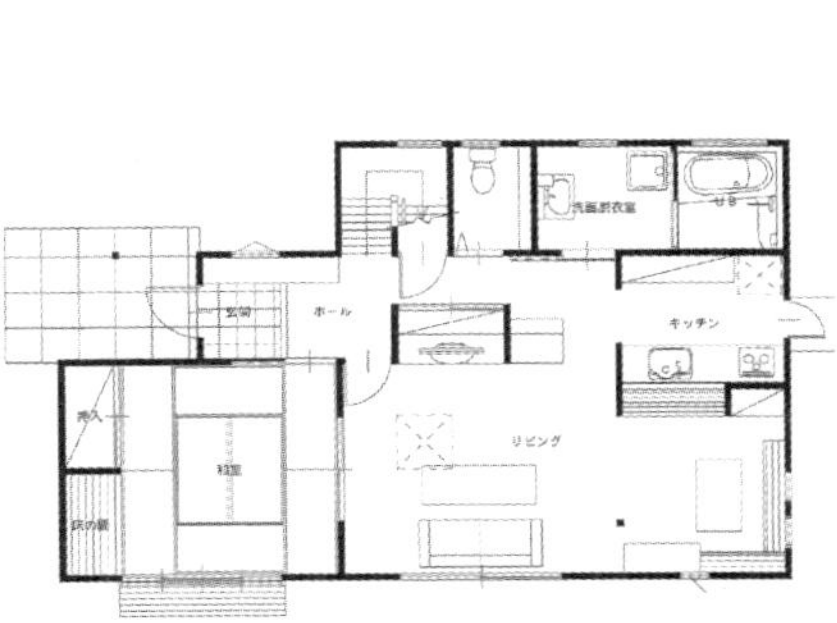

改修後　1F平面図

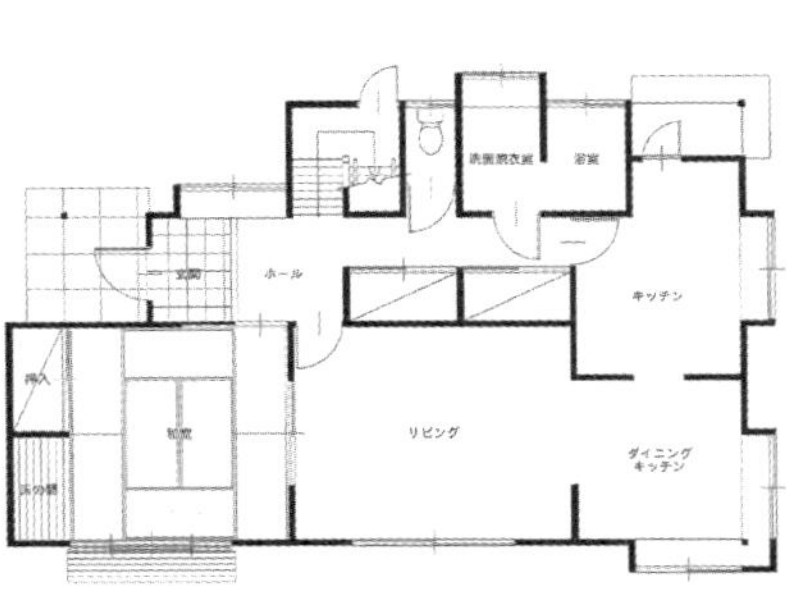

改修前　1F平面図

リフォーム住宅体験見学会

さらに、セミナーの翌日同市内で断熱リフォームの完成住宅見学会（その前月完成のY邸）があるというので、妻のとし子さんを誘って出かけた。午前10時、暖房はすでに1時間前に止まっていたというその家は、玄関を開けたときあっと驚くようなほわっとしたぬくもりがあった。また、偶然にもY奥さんは以前勤めていた職場の親しい先輩だったので、床や壁の仕上げや間取りの変更、台所や浴室など親切な説明をしてくれて話も弾んだ。けれども、「なんて暖かい家なんでしょう」とその時はそのことばかり頭にあって他のことは覚えていないという。

その日、ほとんどその場で、リフォームはこの会社にお願いしようと心に決めたのだそうだ。こうして今野建業と始まった断熱耐震改修工事は、この年の8月盆明けに始まって約2・5か月、11月初旬に完成したのである。

初めて迎えたこの冬、例年より冷え込みの厳しい日が続く中、家中暖かいというより、どこにいても寒くない、描いていたとおりの暮らしが実現できて満足の日々を送っているのである。しかも日中はほとんど暖房されない。それもこれもリフォームQCメモが大きな役割を果たしたといえよう。

ある不審

1階はワンルームのような大きな空間。真冬なのにこんなに広々のびのび

それより前、リフォームをしようかと思い始めた頃、田代さん夫妻はリフォームで有名な「SSさん」の現場見学会に行った。その後まもなくその会社の設計士がやって来て営業攻勢が始まった。床下に潜り地盤の写真を撮って見せたり、天井裏を調べたり、リフォームプランまで出したり、圧倒されるほど積極的だったという。

しかし、営業は成功しなかった。話の中で、「既存の家具や建具、キッチンキャビネットをリメイクしてできるだけ使いたい」という田代さんの意に反して、「そういうものは買った方が安いですよ」と営業マンは一蹴したのだった。田代さんはその態度に嫌悪を感じたこともあったが、何よりも不信感を持ったのは、暖かい家になるという説明に技術的な根拠が感じられなかったのだ。営業マンは田代さんが省エネ省CO2の理念を持っていると理解していなかったようだ。結局営業だけの人だったと後に振り返る。

工事金額

もっとも、それだけではなく予算の上でも出された金額と大きな隔たりがあった。当初、1000万円ぐらいの腹づもりでいたが出された金額は1600万円だった。しかもリフォームは1階のみで2階は入らないという。見学会に行ったときは、文字通り新築のようで、あんな家に住めるならと幾分かの憧れはあったけれど話を進

1階のリビングから吹き抜ける通気口。これによって2階に暖房機を設置しないで済む

める内にこれは違うという気持ちが強くなって心が離れてしまったという。

今回の工事費は結局1400万円を超えて、当初の思惑とその点では違ったけれども、希望通りの暖かさも実現し、上下水道の配管も新しくなって長期的にも安心できるし、耐震性能も根拠ある改修工事ができたのだからこれでよかったと今では思っている。

仲よし夫婦の暮らし方

失礼ながらこの齢でこんなに仲良くいられるものかと感心してしまう。新しい家になってどんな感じですか？　と聞くと「実は妻の台所の孤独感を解消したかった」と勝さんがいう。つまり、台所が離れていたので、食事を作る人と待つ人になってしまって、その時間どうしても一体感が薄れてしまうというのだ。新しい間取りでは、台所とダイニング、リビングがほとんどワンルームになって、奥さんが台所に立っている時も、お互いに顔を見ながら会話を楽しめる。一方とし子さんは、「以前は、冬になると寒いので、二人で一部屋だけで過ごすのが多かったのですが、今では、家全体が暖かいので、私は2階で裁縫したり、夫はリビングでパターの練習をしたりと、活動空間が広がりました。信じられないことですが、家が暖かくなると心まで温かくなるような気がします。この感じは体感してもらわないと伝わらないでしょ

断熱　開口部　換気　仕様書

天井	吹き込みグラスウール18K		300mm
外壁	充填部	グラスウール10K	50mm
	付加部	高性能グラスウール16K	100mm
基礎	押出法ポリスチレンフォーム　2種		75mm
開口部	樹脂サッシ＋トリプル2Ar2Low-E		
換気	第三種換気　0.5回		

断熱性能及び年間暖房エネルギー消費量　■建設地 江刺

Q値	熱損失係数	1.76W/㎡K
U値	外皮平均熱貫流率	
暖房エネルギー年間消費量	電気（効率1.0）	
	灯油（効率0.85）	

うね、私も初めての感覚です」とのコメント。

厚い断熱は窓辺に出窓のようなスペースができるのでどの窓にも趣味の置物が飾られている。暮らす人の豊かさのようなものを感ずるのは部屋の暖かさだけではない。

自らも施工して感じたこと

ところで、二人は断熱工事を手伝った。というより、率先して自分たちの家に断熱した。「鎌田先生の話にたしかな技術の理論を感じた」田代さんだから、技術系的な興味の虫が動き出したのだろう。一階の断熱材はほとんど二人が施工したというのだから感心するしかない。

その田代さんがいう「工務店さんたちも、このような技術が共有できれば、リフォームのレベルも上がると思います。もっと広めて欲しいですね」

住宅業界は断熱リフォームとか断熱改修とか、言葉だけが先行してまだまだ実が伴っていないのが実態である。世界レベルで競う自動車業界に携わってきた人が、断熱リフォームの一部始終を自ら体験して話す言葉を、私たちは真摯に受け止めるべきだろう。

並の新築高断熱住宅よりはるかに優れた省エネで快適な家にリフォームした施主の田代夫妻にリフォームのお手本！　と心から賛辞を贈りたい。

夫唱婦随で断熱材を丁寧に施工

ここでも付加断熱が施工された

暮らしの感想 2017の冬

高断熱リフォームして、6度目の冬も快適です。1月25日、大寒波襲来の朝、外気温はマイナス14℃、お湯は10時頃まで出ませんでしたが、室温は16℃（午前4時～暖房ON設定）でした。2月に東京の友人夫妻とお孫さんが、スキーを楽しむためにやって来ました。お孫さんが、「どうしてこの家は、こんなに暖かいの？」と嬉しい一言。今冬も日中、暖房をつけた日は数えるほど。南からの太陽が暖か過ぎて、ハニカムを閉めることも。暖かい我が家に感謝です。

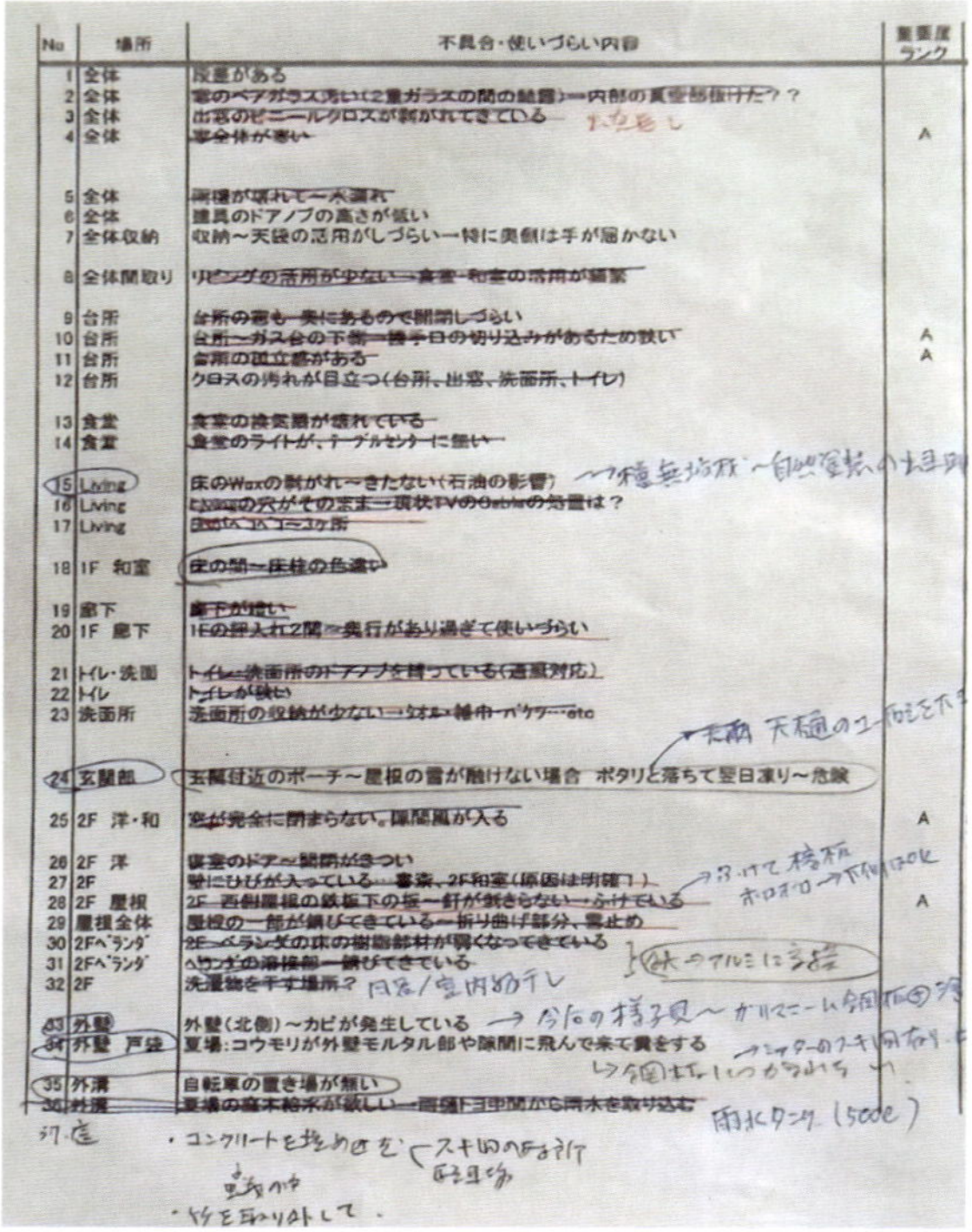

リフォームQC田代メモ　2011.2.25
※少し読みづらいが、メモ書きを見て戴くために、原文まま載せた

施工者データ	
会社名 代表者	㈲今野建業　今野 義博
所在地	宮城県伊具郡丸森町金山字町40
電話・FAX	TEL.0224-78-1618　FAX.0224-78-1611
Mail	konno.kenngyo@nifty.com
ホームページ	http://konnokengyo.co.jp/

第19話

東日本大震災時 リフォーム工事中だった人の大幸運

福島県須賀川市

断熱耐震同時改修リフォーム

世の中に幸運な人は数え切れないほどいるのだろうが、福島県須賀川市の鈴木洋二さんもその一人と言っていい。そう思うほどの幸運があった。しかもあの東日本大震災時である。前頁の家は現在の完成形であるが、２０１１年3月11日はリフォーム工事の真っ最中だった。断熱性能と耐震性を同時に向上させる断熱耐震同時改修と呼ぶリフォーム工事をしていた（施工　環境建設㈱　本社須賀川市）。

幸運

大地震のあった3月11日は、ちょうど耐震工事が終了していた時だった。そこへあの大地震である。まず幸運の第一は倒れなかったこと。周囲の家のほとんどが大きな揺れ（震度6強）で大規模損壊を受けたにもかかわらず鈴木邸は無傷だった。耐震工事のおかげである。

「もし、あのときリフォームに着手していなかったら、家は地震で倒れ、その後2年は不自由な仮住まいをしていたはずです」と鈴木さんは述懐する。

第二の幸運は、震災による混乱の中、多くの人が仮住まいまで苦渋の日々を余儀なくされていたのに、すでに近くの借家に仮住まい中だったこと。市役所の職員か

以前の家は信じられない位ひどかったと話す鈴木さんと新住協のパンフレット（右）

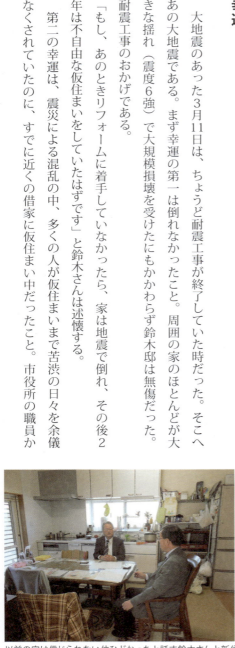

らずいぶん手回しがいいですねと冗談を言われたそうだが、お陰で5月には改修後の新しい家に戻ることができた。地区の誰よりも幸運である。

そして第三の幸運はできあがった住宅が高断熱高気密住宅だったこと。その年の冬、以前は寒くて仕方がなかった家が完成後は驚くほど暖かい住宅に変わっていたのだった。

「同じ住宅なのになぜこんなに違うのか、信じられないくらいだ」と話す鈴木さんがさらに言葉を続ける。

「もし、何もしないでいて大規模損壊を受けていたら、家族で仮設住宅に入って寒さに震えていたかもしれません。私たちは幸運でした」

さらなる幸運

幸運はまだある。この改修工事には工事費に200万円の補助があったこと。これを運と言うには少し問題があるのだが、実際には、こういう補助を上手に利用するには運なしには到達できないこともあるのでやはり幸運といえよう。

その頃、国交省では先導的モデル事業として私たち新住協の「断熱耐震同時改修」工事を採択し、上限200万円の補助を出していたのだが、全国で数百件という数量限定だから誰にでも行き渡るわけではない。鈴木さんはインターネットでその補

基礎断熱　床面には断熱しないで基礎にする。床下が室内的な空間になる

助を知ったのだ。その時期、そのタイミングで検索したのも幸運だったし、その補助工事をする地元工務店を知ったのも幸運だったのだ。これが幸運の4番目。そしてもう一つ付け加えると、その工務店が高い技術力を持っていたこと。5つめの幸運である。補助を受けるには改修工事に使用する建材機器に性能の条件がある。断熱材やサッシガラスなどにはある性能基準があって、それ以上の建材を使用することが規定されている。しかし、それらを使えば家は快適省エネになるかというと答えはノーである。使い方も施工方法にも必要な技量があるのだ。正しい施工ではなく、ただそこに取り付けただけというような方法ではせっかくの性能は発揮されない。それればかりか、最悪の場合、不快な環境をつくることもある。それが証拠に、鈴木さんがリフォームを思い立ったこの家は築12年しか経っていない住宅だったのだ。断熱や耐震性能の改善のリフォームは相応の技術がなくてはできないことを覚えておかねばならない。

断熱性能に関する不満

まだ新しいとも言える家をリフォームしなければならなかった鈴木さんの話は深刻だった。簡単には信じ難い次のような話をしてくれた。

※1　左写真に天井の防湿気密シートが見える。断熱改修の場合、天井の気密は特にしっかり施工したい。暖房された暖気は上昇し天井に力がかかる。もし、穴が空いていたら煙突と同じような現象で暖気は流れとなって逃げる。室内は暖かくならない（17話に関連記事）

①建てて一年目の冬、壁が何となく湿っていた（このときは結露と思わなかった）。
②家の中が寒い。いくらストーブを焚いても暖かくならない。
③寝室の畳を上げてみたらなんと水浸しになっていた（畳ボード）。
④床の間の壁に水滴がついていた（結露とわかった）。
⑤天井に水滴がついているのを発見した（お風呂でもないのに）。
⑥やがて、壁、天井にシミができてきた。
⑦壁天井にカビが生えてきた。
⑧子供がぜんそく気味になってきた。
⑨ある寒い冬、浴室の床が凍っていた。

この間、建てた工務店に何回か事情を説明したが、納得できる明快な返答がなく、ついに我慢も限界、リフォームを決断したのだった。

冬の浴室現象

読者の皆さんは冬の浴室を想像して欲しい。鈴木さんが話してくれたのは自邸の冬である。

「寒い日は、天井から冷たい滴がポタリ、壁にもドアにも水滴がびっしり、よく見

※2　右写真　グラスウールの吹き込み断熱。木材などに遮られず隅々まで断熱される利点がある

ると床の溝はカビで真っ黒、換気扇を回すと寒くなるので風呂に入っている間は止める、すると浴室は湯気でモウモウ、翌朝は浴室中結露だらけになっている」

つまりこの家は家全体に冬の浴室現象が起こっているのだ。断熱のない部屋をビニールクロスのような壁紙で密閉し、ストーブを焚いて暮らしたら家の中が湿っぽくなるのは当然のこと。当時築12年というから建てられたのは平成15年頃。未だにそういう家を建てる工務店がいることに読者は驚くかも知れないが、実はそれが現実、実態といっても過言ではない。

断熱耐震改修後の暮らしアンケート

そもそも私がこの人の幸運を知ったのは先に述べた幸運の4に基づくアンケートからである。私たちは国交省の補助事業（新住協の断熱耐震同時改修）で施工した250人に、夏冬を一通り体験した住み心地のアンケートを実施、120人から回答を得た。そのうちの1人が鈴木さんで、記述された回答に震災直後の出来事が書かれていて、目を引かれた。

リフォーム後、どんな改善があったか。ここにアンケート（末尾表1）の一部を掲載する。

丸印の左欄は施工前（Before）、特に改善したいという不都合だった点。右

断熱　開口部　換気　仕様書

天井	高性能グラスウール16K		200mm
外壁	充填部	高性能グラスウール16K	100mm
	付加部	高性能グラスウール16K	
床	押出法ポリスチレンフォーム　3種		50mm
開口部	アルミ樹脂複合サッシ＋ArLow-E		
換気	第三種換気　0.5回		

断熱性能及び年間暖房エネルギー消費量　■建設地 須賀川

Q値	熱損失係数	1.99W/㎡K
U値	外皮平均熱貫流率	
暖房エネルギー年間消費量	電気（効率1.0）	
	灯油（効率0.85）	

欄は改善（After）が際立っていてうれしいという項目である。改善したい項目を30挙げたら鈴木さんは24に丸を付けた。私はこの表を使うとき、該当項目が10以上あったら断熱改修がお奨めですよといっている。それがほとんどの項目に○がついているのだから鈴木さんの不満度がわかる。表1の中で、問1～5は家の中の寒さを訊いているが、大抵の人は何らかの感じ方で寒いと○を付ける。このアンケートを作成するとき実はNO.13を記載するかどうか意見が割れたのだが、青森秋田の方から、現実にあるから掲載しようということになった。それが、東北の最南端の福島で○を付けられるとは思わなかった。鈴木さんは「信じられないことだが浴室の床が凍っていたことがあった」と言うのだから、「決死の思いで風呂に行く」は日本全国であるのかもしれない。

それにしてももと鈴木さんは繰り返す。なぜこんなに違う家になるのか。前の工務店は何を聞いても私の疑問に答えてくれなかった。今この家に住んでみて、こんなに違うものかとあらためて驚くとしみじみ話してくれた。

ところでと私は鈴木さんにきいてみた。「肝心なことをお聴きしますが、どうやってこの補助付きリフォームを知ったのですか？」

すると、すかさず「インターネットです」と答えてくれた。これが今の時代なのだ。私達の事務局にも中年以上の女性からネット問い合わせが増えている。

施工者データ	
会社名 代表者	環境建設㈱　松谷 優
所在地	福島県須賀川市中宿442
電話・FAX	TEL.0248-76-5940　　FAX.0248-76-5950
Mail	info-kankyo@eos.ocn.ne.jp
ホームページ	http://www.kankyokk.co.jp

表1

国交省　長期優良住宅先導事業
「断熱耐震同時改修」 施工後1～2年の「お住まいアンケート」

冬編

改修前の冬、家の寒さは人によって感じ方が違うもの。でも、寒さを何とかしたいのは共通の願い。

どんな改善がありましたか？ **【複数回答】**

No.	Q1.リフォーム前、特に気になっていたこと、改善したいと思っていたこと→ 該当事項は右欄に○印	該当項目（複数可）	Q2.リフォーム後は改善されましたか？ された→○ されない→× 右枠コメント記入欄	
1	朝ストーブをつけても部屋がなかなか暖まらなかった	○	○	
2	朝起きたとき、部屋の中でも吐く息が真っ白な日があった	○	○	
3	朝起きるのが寒くてつらいことがあった	○	○	
4	とにかく家の中が寒った	○	○	
5	会社など職場より家にいる方が寒かった	○	○	
6	とにかく冬でも広々のびのび暮らしたいと思った	○		
7	家族は、家の中でも厚着をしていた	○	○	
8	足元が寒くて手足が冷たくなった	○	○	
9	廊下に出ると床が氷のように冷たかった	○	○	
10	風の強い日は家の中でもスースーした			
11	トイレが寒くて長居できなかった	○	○	
12	入浴中でも寒い日があった	○	○	
13	脱衣室や風呂が寒いので決死の思いで入浴することがあった	○	○	
14	寝るとき、布団がひんやり冷たかった		○	
15	家族の中に靴下を履いたまま寝る人がいた	○	○	
16	家族に、寝る時電気毛布を使う人がいた	○		
17	掛け布団は毛布を入れると3枚以上になっていた	○		
18	押入がジメジメしていた	○	○	
19	サッシからしんしんと冷えているのがよくわかった	○	○	
20	窓ガラスの結露がひどかった	○	○	
21	結露水が流れるのでタオルを敷いておくことがあった	○	○	
22	窓からの隙間風が冷たかった			
23	窓のサッシが凍って開かない朝があった	○	○	
24	子供がストーブの前でよく席の奪い合いをしていた			
25	ストーブやこたつ、電気カーペットを数えると暖房機が5台はあった			
26	電気やガス、灯油の暖房費がばかにならなかった	○	○	
27	1日に何度か『寒いから戸を閉めろ』と誰かが怒鳴る光景があった			
28	冬は使わない部屋があった	○	○	
29	洗濯物が乾かなくて大変だった	○	○	
30	台所の水仕事が寒くて苦になるときがあった	○	○	
		24		

読者の皆さんもチェックしてみて下さい。

第20話

あの暑い高崎で難なく夏を過ごし、冬も快適

群馬県高崎市

家を建てることは誰にとっても人生の大仕事である。お金のことはいうまでもなく、いい家を求めたい、失敗しない家づくりをしたい、そういう思いは誰にでもある。だから、人はあちこちの住宅展示場に何度も足を運び、何冊もの住宅誌を買い込み、描いた設計図を何度も書き直したりする。しかし、それでもなかなか思うようにいかないのが家づくりである。さらに今は、高断熱住宅という多くの人にとって未体験の住宅が世に出現したので、益々勉強が必要になった。

そんな中、高崎市の㈱アライから「上手に建てて上手に暮らしている人がいる」という話があったので、群馬県高崎市に住む田口雅治さんのお宅を訪問した。田口さんは今から4年前、親が住んでいた家を大規模に工事、断熱性能と耐震性能を向上させた。

高断熱住宅にして夏冬をすでに3回過ごした。あえて夏冬を3回と書いたのには理由がある。高断熱住宅は夏冬を過ごしてみないとその住宅がほんとうに高断熱住宅かどうか、また、高断熱住宅のよさを生かせているかどうかはわからない。冬暖かく夏涼しいというキャッチフレーズが本当かどうかは住んでみないとわからないのだ。現に高断熱住宅といいながら冬寒い家もあるし、夏は暑くて耐えられないような高断熱住宅もできている。そんな中、田口さんは「上手に建てて上手に暮らしている」という。それが一体どんなものかを楽しみに訪問した。

断熱性能や耐震性能を計算してリフォームすれば新築以上の住宅に改修できる

※1　断熱耐震同時改修とは…リフォーム時、あらかじめ改修後の断熱と耐震の性能を目標設定、それに向けて工事を行うこと。田口邸は断熱性能が省エネ基準ではⅡ地域（盛岡市など）、耐震性能は新築の建築基準法をクリアするレベルに向上している

いきなりゴーヤの窓

訪問したその日、リビングに通されていきなり目に入ったのが西側の窓一杯に広がったゴーヤの緑（写真）。

「このゴーヤ、葉の密度がずいぶん濃いですね。これなら日よけに効くでしょう」

「ええ、8月はもっと密集していましたよ」と奥さんがいう。

「じゃ、夏は日よけをして涼しく、ですか？　冷房はどうしているんですか？」

「高崎は40℃近くにもなるので、さすがにクーラーなしではいられませんが、でもあまり使いませんよ」という。私が「どんな暮らしになるんですか？」と聞くと田口さんはよどみなく次のように話してくれた。

意外な夏の上手な暮らし方

「夏は朝早く窓を開けて空気を入れ換え、日中は家の中に風を通して涼しくする」もし、田口さんの答えがそういう内容だったら、読者は「やっぱりな」とうなずくのではないか。正解は違う。まったく逆だった。「朝は7時前に窓を閉める。そしてそのまま一日中窓は閉めておく」のだそうだ。そして、部屋が暑くなるまで冷房は入れない。部屋が暑くなったら冷房を入れる。外の温度が室温より低くなったら冷

西の窓を覆うゴーヤ。早くから生育を管理しないと夏本番に間に合わないこともある

房を止め、窓を開ける。だから、窓を開けるのは夕方以降になる。夜はほぼ家中の窓を全開して寝る。そして明け方、窓を閉めるという繰り返しが夏の日常という。「夜、窓を開けて寝たら物騒じゃないか」と思う人はP．204をご覧戴きたい。通風が採れて鍵がかかる雨戸がある。1階のテラス窓にはこれがついている。

一見常識に外れた暮らし方にみえるがちゃんとした高断熱住宅では常識になりつつある夏の暮らし方だ。

夏の断熱は保冷

断熱は冬だけの話ではない。夏の外気は40℃、窓を開けていたらそのまま外気温と一緒になる。できれば室温は30℃以下にしたい。だから屋根壁に断熱して家を保冷する。保冷力が高ければ高いほど室温は外気に左右されない。いくら暑い高崎だって夜間は30℃以下になる。25〜26℃以下になる日もある。夜間窓を開けて冷気を家に入れ、朝、外気温が高くなる前に窓を閉めるのはそういう理由からだ。そして、保冷力をより高めるために断熱材を厚くする。天井は300㎜、壁には高性能グラスウールが壁の内外に入れられ合計150㎜という厚さだ。だから「カンカン照りの日でも外から照りつけられるような感覚は全くない」と田口さんが話す。

明るくてさわやかな室内にリフォームされた

大敵は日射

しっかり保冷されるということは、逆に、室内が暑くなったら暑さも逃げない理屈になる。だから、死ぬほど暑い高断熱住宅も出来てしまうのだ。暑さの大敵は日射。直射日光が室内に入ったら部屋は暑くなる。だから日射を入れない工夫をしなくてはならない。幸いなことに、夏の日中は太陽高度が高いので庇や軒が日を遮ってくれる。だが午後からの西日は庇では防げない。そこで冒頭のゴーヤが出てくる。勿論すだれやよしずでもいいのだが、「緑がきれいだから」と田口さんはゴーヤの棚でしっかり西日を遮っている。だから「西日が入って暑い」という日はないそうだ。しっかり断熱して日射遮蔽を徹底する、それが夏を涼しくする必要かつ絶対条件だ。

機能ガラスの上手な使い方

日射遮蔽だけを考えれば、一般のペアガラスと違って、日射を通しにくい性能を持った遮熱ガラスを採用するという方法もあったが、それだと冬の日射も遮ってしまうので、ここでは日射も取りながら断熱性能を上げるというガラスを採用した。冬、日射のある地域なら南面の窓には最適のガラスだ。このあたりを「社長さんにはほんとによく教えてもらった」と田口さんが特に評価する。㈱アライにそのあたりの

断熱　開口部　換気　仕様書

天井	吹き込みグラスウール18K		300mm
外壁	充填部	高性能グラスウール16K	105mm
	付加部	高性能グラスウール32K	45mm
床	高性能グラウウール16K＋32K		145mm
開口部	アルミ樹脂複合サッシ＋ArLow-Eペアガラス		
換気	第三種換気　0.5回		

断熱性能及び年間暖房エネルギー消費量　■建設地 高崎

Q値	熱損失係数	1.93W/㎡K
U値	外皮平均熱貫流率	
暖房エネルギー年間消費量	電気（効率1.0）	
	灯油（効率0.85）	

抜かりはない。

明るさは暑さ　暗さは涼しさ

奥さんが面白いことを言ってくれた。

「日中、クーラーを付けているときも、雨戸を閉めておくことがあるんですよ。少し暗くなるけどその方が涼しいんです」

実は、この話も大正解だ。ずっと以前、私は暑い名古屋で同じ場面に出会ったことがある。建築した工務店の社長と、真夏にその家を訪問すると、なぜか雨戸を閉めて真っ暗にしている。驚いた社長が「何してるんですか、昼間から雨戸締めて！」と笑いながらいうと「何言ってるんですか、こうしているのが一番涼しいんだよ」と逆襲された。明るさは熱だと聞いたことがある。暗くしていた方が冷房も効く。とにかく40℃にもなる真夏、暗いのはイヤとか陰気だとか言っている場合ではない。涼しい方法を見つけたらそれで暑さをしのぐのが利口なのだ。

こうしてあの暑い高崎の夏を難なく過ごしている。

見学会で何を勉強するか

田口さんはリフォームする前、住宅の見学会に出かけたりして沢山の家を見てきた。

ガラリが通風をとりながら防犯機能を果たす

㈱アライとも住宅見学会が出会いだ。

「リフォームなので急ぐこともなかったからその間3年くらいかかった」という。

でも、家のつくりを見ていたわけじゃない。

「住宅会社はどこでも冬暖かく夏涼しいというが本当にそうかどうか、それを確かめるために夏冬の体験をしているうちに3年経った」というのが事実だ。

「アライさんには実際に住んで何年かになるお宅を夏も冬も見せてもらいました。どんなふうに暖かいのか、どんなふうに夏涼しいのか、何軒も訪問させてもらうことができました。住んでいる人に聞くのが一番の答えですからね。実際、冬暖かいばかりでなく、夏を涼しく暮らしている人もいました。それでわかったのです。暮らし方もすごく大切だということが」

原始的だがこれ以上の勉強方法はない。住宅会社が用意した、仕組まれた宿泊体験ハウスに一日泊まるのとは訳が違う。

「アライさん以外の住宅会社では、住んでいる家にまで連れて行ってはもらえなかった」と田口さんは言う。

暮らしやすい高齢者の住まい

ところで、リフォームは何かと制約が伴うが奥さんがこんなことを話してくれた。

1F平面図

浴室、トイレ、食堂が寝室から近くなって高齢者には暮らしやすくなった。しかも寒いところがなくなって健康にもよい

「間取りの制約があったので結果的にこうなったのですが、トイレと台所、食堂、浴室が全部寝室から近くなった。そうしたらすごく便利だと気がつきました。これから歳をとったらもっと暮らしやすさを感じると思います」

しかも冬は朝起きたときから暖かいのだから、何から何まで上手くいっている。

田口さんは近所の人との挨拶に困るときがあると苦笑する。冬は「今朝はうんと寒かったですねぇ」と挨拶され、夏は夏で「こう暑くちゃクーラーも効きませんねぇ」と挨拶される。「そうですか、うちはそんなことはありません」とも言えず、そうですねぇと言葉を合わせることもあるそうだ。

家を建てるとき、「とにかく宣伝をうのみにしてはいけない」田口さんはそう言った。その言葉を聞きながら、上手な勉強、上手な建て方（業者選びも）、上手な暮らし方、私はこの３つの上手をあらためて反芻した。

施工者データ	
会社名 代表者	㈱アライ　新井 政広
所在地	群馬県高崎市飯塚町382-7
電話・FAX	TEL.027-361-4349　FAX.027-362-9682
Mail	kk-arai@jade.plala.or.jp
ホームページ	http://www.kk-arai.com

あとがき

私は高断熱住宅の普及啓蒙に携わってきてかれこれ25年になります。この間、ずっと高断熱住宅を見続けてきました。しっかり断熱されて計画的に建築された家の温熱環境は旧来の家とまるで違います。とりわけこの7~8年、住宅は大きく進歩したと実感します。

本誌を書くために40以上のユーザーを訪問し直接話を聞いてきました。表現こそ違え「冬は暖かいし省エネ、この家にして本当によかった」と皆さんが異口同音に言います。しかし、どんなふうに暖かくどんなふうに快適なのか、言葉で表現するのが難しいともいいます。その人たちはこうもいいます。「本当はこういう家があることをみんなに教えたい、だけど自慢話になるようで言い方が難しい」

「この家にしてよかった」はそれを代弁する目的で企画しました。このあとも予定しています。省エネで快適に暮らせる家を手にした人の声を全国の皆さんに伝えたいからです。暮らし心地だけではなく、どういう経緯で巡り会ったかもご紹介したいと思います。大事なことは建築の依頼先だと痛感するからです。

皆さんがいい家に巡り会うことを心から祈ります。

２０１８年1月　会澤健二

次号予告

① 筑波学園都市の科学技術が工務店と協働で建てたQ1.0住宅・・・・・茨城県つくば市
② 誰もが未知　首都圏に建った壁300mm断熱の家・・・・・・・・・・埼玉県熊谷市
③ 断熱も耐震もいい家を2000万円以下で・・・・・・・・・・・・群馬県前橋市
④ 建築が好きな人が建てた家は楽しい高断熱住宅・・・・・・・・・・岩手県花巻市
⑤「断熱住宅に浮かれていないか」父の一言が・・・・・・・・・・・・山形県酒田市
⑥「どんな家にしたいかは、つまり、どんな生き方をするか」・・・・・・長野県長野市
⑦ ユーザーが知らない工務店の良心と苦心、断熱住宅を一途に・・・・・岩手県九戸町
⑧ 築47年の住宅がリフォームで新築以上の高断熱・・・・・・・・・・岐阜県恵那市
⑨ 大きな家に高齢者が2人きり　長寿高齢化時代のリフォーム・・・・・・栃木県真岡市
⑩ 25万円／年の光熱費がほぼゼロになったリフォームの経緯・・・・岐阜県美濃加茂市
他10編　計20話　　発行2018年4月中旬予定

【執筆】 会澤 健二（Kenji Aizawa）

1947年 茨城県生まれ
1970年 福島大学経済学部卒業
建材メーカー勤務を経て独立
1996年 新木造住宅技術研究協議会（前身）事務局長
現 在 （一社）新木造住宅技術研究協議会 理事

鎌田紀彦室蘭工業大学名誉教授が率いる新住協の全国統括事務局長として25年、高断熱住宅変遷の渦中で工務店とユーザーを見てきた。著書に「私の工務店紀行」、写真集「過ぎた日々」他がある。

この「家」にしてよかった。vol.1

2018年2月13日 初版印刷
2018年2月19日 初版発行

執 筆 会 澤 健 二
発行者 澤 崎 明 治

（印刷・製本）ジャーナル印刷株式会社

発行所 株式会社 市ヶ谷出版社
東京都千代田区五番町5番地
電話 03—3265—3711（代）
FAX 03—3265—4008
http://www.ichigayashuppan.co.jp

ISBN 978-4-87071-607-0